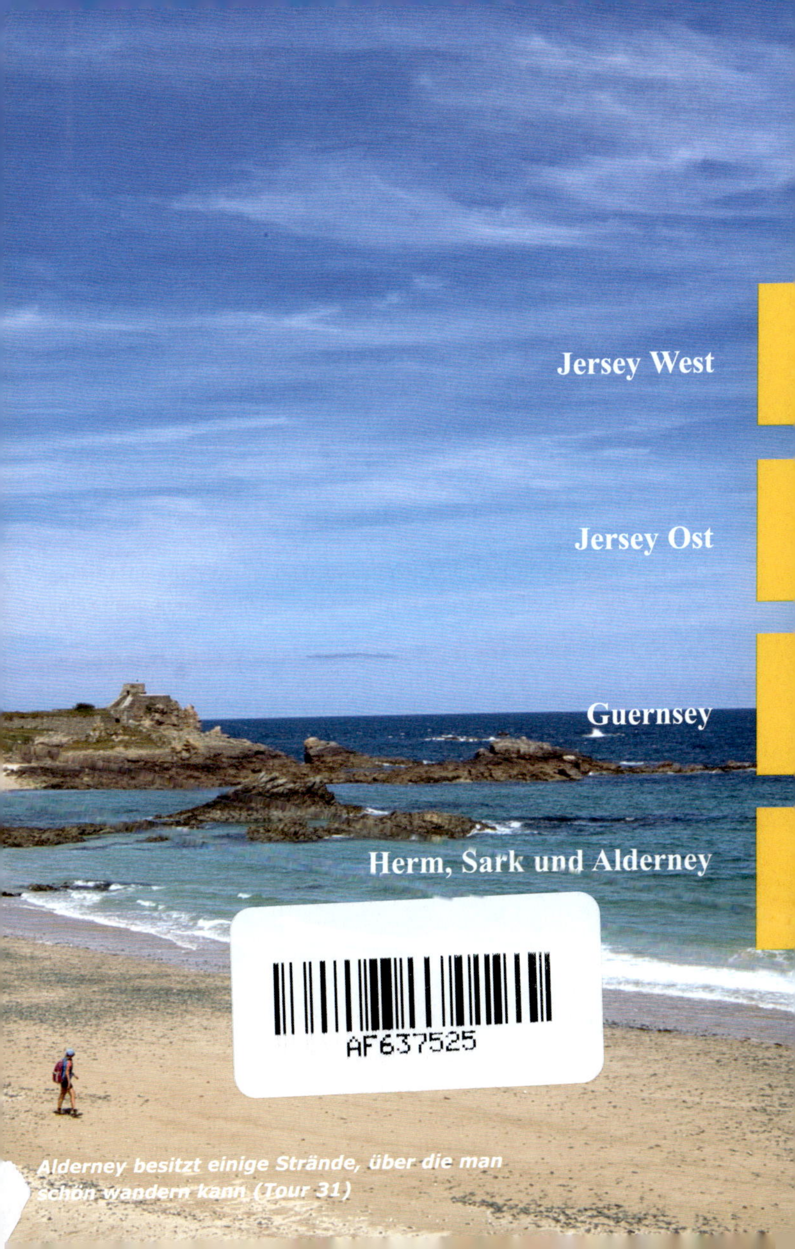

Alderney besitzt einige Strände, über die man schön wandern kann (Tour 31)

Kanalinseln

Die Autoren und der Verlag sind für Lesertipps und Verbesserungen (besonders per E-Mail) unter Angabe der Auflagen- und Seitennummer dankbar.

Dieses OutdoorHandbuch hat 160 Seiten mit 74 farbigen Abbildungen, 32 farbigen Kartenskizzen im Maßstab 1:50.000 sowie 26 farbigen Höhenprofilen und einer farbigen, ausklappbaren Übersichtskarte.Es wurde auf chlorfrei gebleichtem, FSC® zertifiziertem Papier gedruckt,in Deutschland klimaneutral hergestellt und transportiert und wegen der größeren Strapazierfähigkeit mit PUR-Kleber gebunden.

FSC
www.fsc.org
MIX
Papier aus verantwortungsvollen Quellen
FSC® C009051

Klimaneutral
Druckprodukt
ClimatePartner.com/10951-1907-1006

Dieses Buch ist im Buchhandel und in Outdoor-Läden erhältlich und kann im Internet oder direkt beim Verlag bestellt werden.

OutdoorHandbuch aus der Reihe „Regional“, Band 403

ISBN 978-3-86686-531-0 1. Auflage 2019

Text und Fotos: Markus und Janina Meier
Karten: Manuela Dastig
Lektorat: Anna-Lena Ebner
Layout: Alexandra Sauerland

Gesamtherstellung: gutenberg beuys feindruckerei

Dieses OutdoorHandbuch wurde konzipiert und redaktionell erstellt vom:

Conrad Stein Verlag GmbH,
Kiefernstr. 6, 59514 Welver,
☎ 023 84/96 39 12, FAX 023 84/96 39 13,
info@conrad-stein-verlag.de,
www.conrad-stein-verlag.de

Besuchen Sie uns bei Facebook & Instagram:

www.facebook.com/outdoorverlag

www.instagram.com/outdoorverlag

Titelfoto: Unterwegs an der Südküste Guernseys

Inhalt

Wandern auf den Kanalinseln

Als wir zur Recherche unseres Wanderführers Cornwall besuchten, verliebten wir uns in das Wandern auf den Britischen Inseln. Auf der Suche nach einem Reiseziel stießen wir auf die Kanalinseln. Die Inseln sind im deutschen Sprachraum als Urlaubsziele noch relativ unbekannt und so war die Recherche für uns eine spannende Entdeckungsreise. Dabei gab es durchaus Momente, da fühlten wir uns wie in Klein-Cornwall. Die Kanalinseln erwarten die Besucher ebenfalls mit eindrucksvollen Küstenabschnitten, tiefblauem Meer, Sandstränden, Palmen und sehr freundlichen englischen Gastgebern. Nur die Küche war etwas gehobener; hier ist der Einfluss Frankreichs deutlich zu spüren und schmecken.

Die Inseln liegen im Ärmelkanal zwischen Frankreich und Großbritannien, deutlich näher an der französischen als an der britischen Küste.

Sie sind nicht Mitglied des Vereinigten Königreiches Großbritannien, sondern gehören der englischen Krone. Dies führt zu einigen Besonderheiten: Zum Beispiel geben die Inseln Jersey und Guernsey eigenes Geld aus. Britisches Pfund wird zwar auf den Inseln akzeptiert, nicht aber Jersey oder Guernsey Pfund in Großbritannien. Auch die Mehrwertsteuer ist auf den Inseln sehr niedrig (auf Jersey z. B. 3 %), sodass Sie den Wanderurlaub noch gut mit einem kleinen Shoppingausflug verbinden können.

Jersey ist die größte Insel der Kanalinseln. Der erste Eindruck wirkt dabei fast ein wenig abschreckend. Schließlich ist die Hauptstadt St Helier mit den Bankenhochhäusern nicht unbedingt das, was man von einem idyllischen Urlaubsort erwartet. Aber das ändert sich schnell, wenn Sie die Stadt verlassen haben und die Insel erkunden. Aber auch St Helier hat seine schönen Seiten, die man nur entdecken muss.

Beim Wandern auf Jersey gibt es zwei recht unterschiedliche Seiten der Insel zu bewundern: die aufgrund des großen Tidenhubs frei liegende Landschaft im Süden und die eindrucksvolle Steilküste im Norden. Jersey steigt von Süden nach Norden an und bietet dementsprechend im Süden und Westen weite Sandstrände und im Norden eine schaurig steil abfallende Küste. Beides hat seinen Reiz. Im Süden können Sie bei Ebbe über Strände wandern, die bei Flut von Wasser überspült sind. Dann können Sie zum Beispiel am Fort St Aubin vorbeilaufen und hinaus zum La Rocco

Tower spazieren. Besonders beeindruckend ist eine Wanderung über das größte Wattenmeer zum Icho Tower oder dem Seymour Tower (Führer empfehlenswert). Beide Türme liegen weit draußen im Meer und können nur bei Ebbe erreicht werden. Im Norden beeindruckt der Tiefblick zum blauen Meer über die Steilküste. Die grandiosen Küstenpfade hier erinnerten uns sehr stark an Cornwall. Trotzdem gibt es auch hier wunderschöne Strände, wie zum Beispiel Plémont Beach, der ebenfalls nur bei Ebbe erreicht werden kann. Man kann auf Jersey auch baden, aber das Atlantikwasser ist mit 13 Grad schon relativ kalt und die Strömungen sind sehr unberechenbar. Auf Jersey haben wir uns nicht ins Wasser getraut.

Die Wanderungen führen immer wieder zu eindrucksvollen Megalithanlagen oder historischen Bauwerken wie Elizabeth Castle oder Grosnez Castle. Hier empfiehlt es sich, neben der Wanderung auch immer einen Sightseeing-Teil mit einzubauen. Das Landesinnere von Jersey ist nicht so spektakulär wie die Küste. Aber wer ruhige Wanderungen durch eine üppige Botanik sucht, wird hier fündig. Gerade im Frühjahr blüht es auf der Insel, was für eine wunderbare Stimmung sorgt. Eine der Wanderungen im Landesinneren startet bei den Jersey War Tunnels. Die Tunnel sind ein Zeugnis der deutschen Besatzung im Zweiten Weltkrieg. Die Kanalinseln waren Teil von Hitlers Atlantikwall. Aus Angst vor einer Invasion Europas durch die Alliierten hatte er die Inseln besetzt und regelrecht zu einer Festung ausgebaut. Immer wieder trifft man auf Bunker und Kanonen. Sehr beeindruckend sind die Überreste der Batterie Lothringen an der Südküste. Eine Besonderheit beim Wandern auf Jersey sind die *green lanes*. Hier haben Radfahrer und Wanderer Vorrang vor den Autos.

Vieles, was auf Jersey zutrifft, gilt auch für Guernsey. Die Insel ist deutlich kleiner als Jersey. Auch die Hauptstadt St Peter Port ist wesentlich lieblicher als St Helier.

Auf Guernsey befinden sich die großen Sandstrände allerdings im Norden und die Steilküste im Süden. Ein Küstenpfad führt um die Insel, wobei man im Norden immer wieder auf geteerte Wege ausweichen muss. Auch hier finden Sie immer wieder Sehenswürdigkeiten auf den Wanderrouten. Egal, ob Sausmarez Manor im Süden, historische Megalithanlagen im Nordosten oder Martellotürme wie Fort Grey. Eine Besonderheit ist Lihou Island. Die Insel ist nur bei Ebbe zu erreichen. Dort findet man neben vielen Vogelarten, die auf der Insel brüten, den versteckten Venus Pool. Dabei handelt es sich um ein natürliches Bassin, das sich bei Flut füllt und bei Ebbe zum Baden einlädt. Hier haben wir uns dann tatsächlich ins Wasser getraut, genauso wie bei ein paar schönen Stränden an der Südküste.

Herm ist die kleine Nachbarinsel von Guernsey und ein beliebtes Ausflugsziel. Die Wanderung um die Insel ist einfach. Die Insel lädt vielmehr zum Naturgenuss, Dahinschlendern und Entspannen ein. Sie hat mit ihren weiten Sandstränden und dem tiefblauen Wasser fast schon karibisches Flair. Ein idealer Ort, um sich erstmals in das Wasser des Atlantiks zu wagen. Aber auch für weitere Outdoorabenteuer ist die Insel spannend. Sie können nämlich mit Kajaks auf das Meer hinauspaddeln und mit etwas Glück Papageitaucher beobachten.

Sark ist etwas mehr als eine Stunde von Guernsey entfernt. Es ist eine ruhige Insel. Hier gibt es keine Autos, nur Traktoren. Es gibt leider keinen Rundweg entlang der Küste. Wir haben aber zwei schöne Wanderungen entdeckt, die einen zu allen wichtigen und lohnenden Bereichen der Insel führen. Hier gibt es eindrucksvolle Strände wie der an der Dixcart Bay, schöne Aussichtspunkte, das geheimnisvolle Window in the Rock, die traumhaften Gärten der Seigneurie und der schmale Grat La Coupée, der Sark mit Little Sark verbindet. Wer die Insel voll und ganz auskosten möchte, der bleibt über Nacht. Dann können Sie an einem Tag die Nordküste, am anderen Tag die Südküste erkunden. Zudem ist es wirklich besonders schön, wenn Sie nachts auf der Insel sind und alles dunkel ist, da es keine Straßenbeleuchtung gibt. Dann ist der Sternenhimmel ganz nah.

Die fünfte Insel, Alderney, ist schon etwas abseits gelegen. Man erreicht sie mit kleinen Flugzeugen. Die Flugzeit von Guernsey aus beträgt nur 30 Minuten und man kann zu Fuß von St Anne zum Flughafen gehen. Uns hat die Verbindung von Ruhe und Natur auf Alderney sehr gut gefallen. Wir haben auf unserer Wanderung kaum Menschen getroffen, dafür ganz viele Vögel gesehen. Besonders beeindruckend ist die Albatroskolonie an der Westküste.

Alle Touren enthalten Hinweise darauf, ob die Strecke auch für Kinder, Buggys und Hund geeignet ist. Bei den Stränden haben wir angegeben, ob Hunde erlaubt sind oder an die Leine genommen werden müssen bzw. ganz verboten sind.

Wir wollten für diesen Wanderführer möglichst abwechslungsreiche Wandertouren aussuchen und sind überzeugt, das Maximum aus den fünf Inseln herausgeholt zu haben. Sie reichen von einfachen Wanderungen auf guten, breiten Wegen bis hin zu anspruchsvollen Touren auf dem Küstenpfad. Auch wenn Sie ein paar längere Touren (10 bis knapp 15 km) finden, so legen wir in diesem Buch einen Schwerpunkt auf 5 bis 10 km lange Etappen. Das gibt dem Wanderer die Möglichkeit, an einem Tag vielleicht zwei kürzere Wanderungen zu unternehmen und nachmittags cream tea zu genießen oder noch eine der zahlreichen Sehenswürdigkeiten zu besichtigen.

Wir wünschen den Lesern, dass sie von ihrem Urlaub auf den Kanalinseln genauso begeistert nach Hause kommen wie wir. Das mediterrane Flair, die englische Gastfreundschaft, die großartige, blühende Landschaft und die spektakuläre Küste ließen uns die Recherche unvergesslich werden.

Markus und Janina Meier

Reise-Infos

Anreise

Flugzeug

Am schnellsten gelangen Sie mit dem Flugzeug nach Jersey und Guernsey. Je nach Flughafen in Deutschland gibt es Direktflüge oder man muss einmal umsteigen. Die Flugzeit von München nach Jersey beträgt z. B. zwei Stunden.

Bei der Anreise mit dem Flugzeug können Sie auch vor Ort sehr gut auf das Auto verzichten und alle wichtigen Orte und Sehenswürdigkeiten auf den Inseln bequem mit dem Bus erreichen. Das Busnetz auf Jersey und Guernsey ist sehr gut ausgebaut. Zentraler Ausgangspunkt aller Buslinien auf Jersey ist die Liberation Station in der Inselhauptstadt St Helier. Auf Guernsey starten die Buslinien in St Peter Port. Eine Besonderheit ist hier die Ringlinie, die einmal rings um die Insel führt.

Bahn

Für die Anreise mit der Bahn bietet sich eine Fahrt mit dem TGV über Paris nach Rennes an. Weiter geht es mit dem Zug nach St Malo und mit der Fähre nach St Helier auf Jersey bzw. St Peter Port auf Guernsey. Bei der Anreise mit dem Zug gilt für die Fortbewegung vor Ort natürlich das Gleiche wie bei der Anreise mit dem Flugzeug. Beide Inseln sind so klein und das Busnetz ist so gut, dass man sich das Anmieten eines Autos sparen kann.

Auto

Eine gute Möglichkeit ist, mit dem Auto auf die Kanalinseln zu fahren. Man fährt bis zum französischen Hafen St Malo und setzt dann mit der Fähre nach Jersey bzw. Guernsey über. Auf den Inseln hat man dann gleich sein eigenes Auto dabei. Man muss nur beachten, dass man auch hier auf der linken Seite fährt und viele Straßen sehr eng sind.

Unterkünfte

Für Ihren Urlaub auf den Kanalinseln stehen Ihnen eine große Auswahl an Unterkünften zur Verfügung. Diese reichen von der einfachen Jugendherberge über Bed & Breakfasts bis zu luxuriösen Hotels.

Wir haben sehr gute Erfahrungen mit Ferienwohnungen gemacht. Gerade wenn man stationär auf einer Insel bleiben möchte, bietet sich das an. Sowohl Jersey als auch Guernsey sind relativ klein, sodass es eigentlich egal ist, wo man sich auf der Insel einquartiert. Eine Besonderheit auf Jersey sind die Cottages des National Trust. Hier können Sie in alten Wachtürmen oder Forts übernachten.

Schöne Cottages auf Jersey werden vermietet von:

- Freedom Holidays, ☎ 00 44/15 34/72 52 59, 💻 www.freedomholidays.com, ✉ enquiries@freedomholidays.com
- Jersey Heritage Accommodation, ☎ 00 44/15 34/63 33 04, 💻 www.jerseyheritage.org, ✉ heritagelets@jerseyheritage.org

Folgende Unterkünfte haben wir während unserer Wanderreisen getestet und können sie gerne weiterempfehlen:

Jersey

- Olive Tree Cottage bei St Mary über Freedom Holidays
- St Ouen's Bay Apartment an der St Ouen's Bay über Freedom Holidays
- The Lyndhurst, La Route de la Haule, St Aubin, JE3 8BA, ☎ 00 44/15 34/72 03 17, 💻 www.thelyndhurstjersey.com, ✉ booking@thelyndhurstjersey.com

Guernsey

- Clifftop Cottages, Route de Pleinmont, Torteval, GY8 0LP, ☎ 00 44/14 81/26 30 90, 💻 www.clifftopcottages.com, ✉ shaaron@clifftopcottages.com
- Les Douvres Hotel, Les Fosses, St Martin, GY4 6ER, ☎ 00 44/14 81/23 87 32, 💻 www.lesdouvres.com, info@lesdouvres.com
- La Roche, Rohais de Haut, Castel, GY5 7NA, ☎ 00 44/14 81/25 80 88, 💻 larocheguesthouseguernsey.com, ✉ laroche@cwgsy.net, die Inhaberin ist Reiseführerin und spricht Deutsch.

Sark

- Pourquoi Pas B&B, Sark, GY10 1SD, ☎ 00 44/77 81/13 22 60

Alderney

- Georgian House, Victoria Street, St Anne, GY9 3UF, ☎ 00 44/14 81/82 24 71

Verkehrsmittel

Sowohl auf Jersey als auch auf Guernsey gibt es ein sehr gut ausgebautes Busnetz, sodass ein Mietwagen nicht erforderlich ist.

Die Busfahrpläne für Jersey finden Sie auf 💻 www.libertybus.je. Alle Busse starten in St Helier. Das bedeutet, dass Sie für eine Wanderung mit dem Bus ggf. allerdings zuerst nach St Helier müssen.

Bei den Streckenwanderungen haben wir darauf geachtet, dass Sie zwischen Ausgangs- und Endpunkt nicht umsteigen müssen. Jede Busfahrt auf Jersey kostet £ 2,30 für Erwachsene und £ 1,10 für Kinder.

Auf Guernsey gibt es eine Ringlinie, die einmal um die Insel fährt. Das macht Streckenwanderungen ziemlich einfach. Die Busfahrpläne finden Sie unter www.buses.gg.

Auf Guernsey gibt es einen Puffin Pass. Das ist eine Wertkarte, die man am Town Terminus in St Peter Port bekommt. Dann kann man ohne Bargeld kontaktlos im Bus zahlen. Für die Busse auf Guernsey gibt es auch eine tolle Handyapp, sodass man jederzeit nach den aktuellen Abfahrtszeiten schauen kann.

Sowohl die Busse von Jersey als auch die Busse von Guernsey fahren mehrmals täglich, teilweise sogar jede Stunde.

Herm erreichen Sie mit der Trident Ferry von Guernsey. Abfahrten im Mai, Juni und September sind um 8:30, 10:30, 12:15, 14:15, 15:15 und 17:15, im Juli und August um 8:30, 10:15, 11:15, 12:15, 14:15, 15:15, 16:15, 17:15 und im April und Oktober um 8:30, 10:30, 12:15, 14:15 und 16:15 (April) bzw. 16:30 (Okt), ☎ 00 44/14 81/72 13 79, 💻 www.travel-trident.com, £ 13,50 für Erwachsene und £ 7 für Kinder. Die Überfahrt dauert 30 Minuten. Auf der Insel selbst ist man nur zu Fuß unterwegs.

Auf Sark gehen Sie entweder zu Fuß vom Hafen in den Ort hinauf (15 Min.) oder lassen sich von einem Traktorwagen hinaufziehen. Auf der Insel selbst sind Autos nicht erlaubt.

Wer sich etwas schneller fortbewegen möchte, kann sich im Ort ein Fahrrad mieten. Sark erreicht man mit der Fähre von Guernsey in etwas mehr als einer Stunde. Informationen zur Überfahrt gibt es bei der Sark Shipping Company, 💻 www.sarkshipping.gg. Hier finden Sie auch den aktuellen Fahrplan, der je nach Jahreszeit wechselt. Im Sommer verkehrt die Fähre vier- bis fünfmal am Tag. Die erste Überfahrt ist meistens um 8:00 und die letzte Rückfahrt um 18:00. Die Tickets können auf der Homepage auch online gekauft werden, sie kosten £ 13,50 für Erwachsene und £ 7,50 für Kinder.

Auch auf Alderney benötigen Sie kein Auto. Sie können vom Flughafen mit dem Taxi nach St Anne fahren und von dort Ihre Wanderung starten. Es ist aber auch möglich, zu Fuß in den Ort zu gehen. Alderney erreichen Sie mit den Flugzeugen von Aurigny (💻 www.aurigny.com), die mehrmals täglich von Guernsey nach Alderney fliegen. Auf der Homepage können Sie die Flüge für £ 50-65 online buchen. Es ist schon ein kleines Abenteuer, mit den kleinen Maschinen zu fliegen. Leider gibt es immer wieder Nebel auf den Inseln, sodass die Flugzeuge dann nicht starten können. Wir hatten Glück bei unserem Ausflug, die Tage davor und danach gab es allerdings keine Starts und Landungen. Daher gut auf das Wetter achten.

Wanderinfrastruktur

Die Küstenpfade sind gut ausgeschildert und nicht zu verfehlen. Durch die enge Besiedelung von Jersey und Guernsey verlaufen einige Wege auch auf schmalen Straßen mit relativ wenig Verkehr. Hier halten Sie sich an die Beschreibungen in diesem Buch. Auf Sark, Herm und Alderney dominieren die Wanderwege und die Orientierung ist deutlich einfacher. Auf Sark muss man nur an ein paar Abzweigungen ein wenig aufpassen. Es lohnt sich aber auf alle Fälle, die später in diesem Kapitel empfohlenen Karten noch mitzunehmen.

Klima und Reisezeit

Auch wenn die Inseln zu England gehören, so haben sie doch sehr viele Sonnenstunden. Wir hatten in den letzten beiden Jahren in vier Wochen ganze zwei Regentage. Es ist öfter mal bewölkt oder ein kurzer Schauer zieht durch. Längere Regenperioden sind aber im Frühling ab Mai und im Herbst bis Oktober selten. Deshalb sollten Sie keinesfalls Sonnenschutz vergessen. Da es nie richtig heiß wird, unterschätzt man die Sonneneinstrahlung gerne. Die idealen Wandermonate sind Mai und Juni sowie September und Oktober. Im Sommer ist es durch die englischen Ferien sehr voll, sodass man von einer Reise absehen sollte.

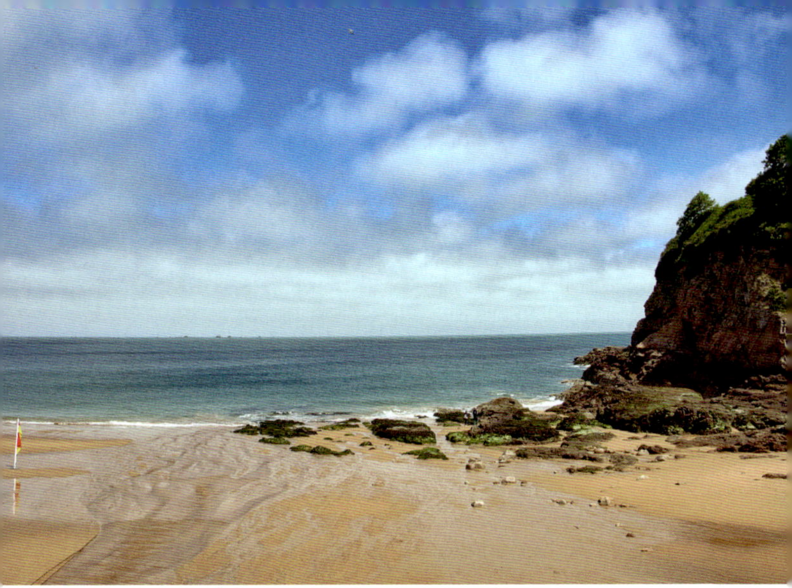

Greve de Lecq - der Nebel verzieht sich (Tour 9)

Regensachen gehören trotzdem immer in den Rucksack! Sie sollten keine Küstenwanderung bei Sturm unternehmen.

Neben Regensachen sollten Sie unbedingt für die Küstenwanderungen robuste, wasserdichte Wanderschuhe mitnehmen. Für die einfacheren Wanderungen an Jerseys Südküste und Guernseys Nordküste sowie auf Herm können Sie auch einfache Wanderschuhe mitnehmen. Ebenso empfiehlt sich warme, atmungsaktive Kleidung (inkl. Mütze).

Karten, Literatur und GPS-Tracks

Trotz der Beschreibungen in diesem Buch und den GPS-Tracks empfehlen sich die beiden Wanderkarten von Jersey und Guernsey. Darauf sind auch die anderen drei Inseln enthalten. Die Karten gibt es im Maßstab 1:25.000. Wir haben sie in Deutschland erhalten; die Karten können Sie online erwerben.

- ▷ Jersey Official Leisure Map
- ▷ Guernsey Official Leisure Map

Vom kanadischen Verlag ITM ist in Deutschland außerdem die Karten „Jersey & Guernsey“ erhältlich. Diese gibt es im Maßstab 1:18.000.

Um sich noch mehr mit den Inseln auseinanderzusetzen, empfehlen wir unsere Reiseführer aus dem ReiseKnowHow Verlag.

Markus und Janina Meier, InselTrip Jersey, ISBN 978-3-83173-055-1, der Führer beinhaltet auch Ausflüge nach Guernsey, Herm und Sark.

♦ 2020 soll ein InselTrip Guernsey mit Herm, Sark und Alderney im ReiseKnowHow Verlag erscheinen.

Die GPS-Tracks zu den beschriebenen Wegen können Sie von der Internetseite des Verlags (www.conrad-stein-verlag.de) herunterladen.

GPS *Grundlagen · Tourenplanung · Navigation* von Michael Hennemann, Conrad Stein Verlag, Basiswissen für draußen, ISBN 978-3-86686-495-5, € 9,90

Wandern mit Kindern

Die Wanderungen auf den Kanalinseln sind sehr unterschiedlich, von leichten Wanderungen auf breiten Wegen bis hin zu schmalen Pfaden, die Trittsicherheit erfordern und somit nur für ältere, trittsichere Kinder geeignet sind. Die Kindereignung haben wir bei jeder Wanderung beschrieben. Kleinere Kinder tragen Sie am besten in einer Kindertrage.

Auch wenn man sicherlich nicht für Buggytouren auf die Kanalinseln reist, so haben wir so ziemlich alle Möglichkeiten für Buggytouren in diesem Buch aufgenommen. Achten Sie bei der Auswahl des Gefährts auf eine gute Federung und große Räder sowie eine gut funktionierende Handbremse, um den Buggy auch bei Steigungs- und Gefällestücken sicher parken zu können.

Wandern mit Hunden

Die Kanalinseln sind ein ideales Wandergebiet für Hunde. Sie werden auf den Wanderungen auf viele Hundebesitzer mit ihrem vierbeinigen Freund treffen. Die Engländer lieben Hunde. Die meisten Wege sind für Hunde gut zu begehen. Die Abschnitte auf Teerstraßen machen nicht so viel Spaß, sollten aber auch gut machbar sein. Sie sollten Ihrem Hund aber unbedingt Wasser mitnehmen, da nicht zu viele Wanderungen an Bächen vorbeiführen. Im Bereich der Weiden sollten Sie Ihren Hund anleinen. Entsprechende Hinweise finden Sie häufig, wenn Sie durch ein Gatter eine Weide betreten. Auf dem Küstenpfad können Sie Ihren Hund in der Regel frei laufen lassen. An einigen Stränden sind Hunde in den Sommermonaten verboten. Bei den jeweiligen Wanderungen ist ein solches Verbot angegeben und diese Abschnitte können Sie umgehen. Trotzdem ist es bei den Wanderungen, die bei Ebbe direkt über die Strände führen schade.

Strenge Quarantänebestimmungen hielten Hundefreunde lange Zeit von einer Reise nach Großbritannien ab. Obwohl die Kanalinseln nicht zu Großbritannien gehören, gelten hier die gleichen Quarantänebestimmungen wie dort. Seit 2012 wurden die Regelungen deutlich vereinfacht, sodass eine Mitnahme des Hundes empfohlen werden kann.

Folgende Bestimmungen sind bei der Einreise aus einem EU-Land zu beachten:

- Microchip mit Identifikationsnummer
- Tollwutimpfung mindestens 21 Tage vor Reiseantritt
- Heimtierausweis
- Bandwurmbehandlung (1-5 Tage vor der Einreise)

Vermutlich wird dies auch nach einem Brexit gelten. Es macht aber sicherlich Sinn, sich vor der Reise zu informieren. Informationen findet man auf folgender Homepage:

https://www.pettravel.com/immigration/jerseychannelislands.cfm.

Updates

Der Conrad Stein Verlag veröffentlicht Updates zu diesem Buch, die direkt von den Autoren oder von Lesern dieses Buches stammen.

Bitte suchen Sie vor Ihrer Abreise auf der Verlagshomepage www.conrad-stein-verlag.de diesen Titel. Unter dem Punkt „Updates“ finden Sie alle wichtigen Informationen.

Der rechts abgebildete QR-Code führt Sie direkt zu der richtigen Seite.

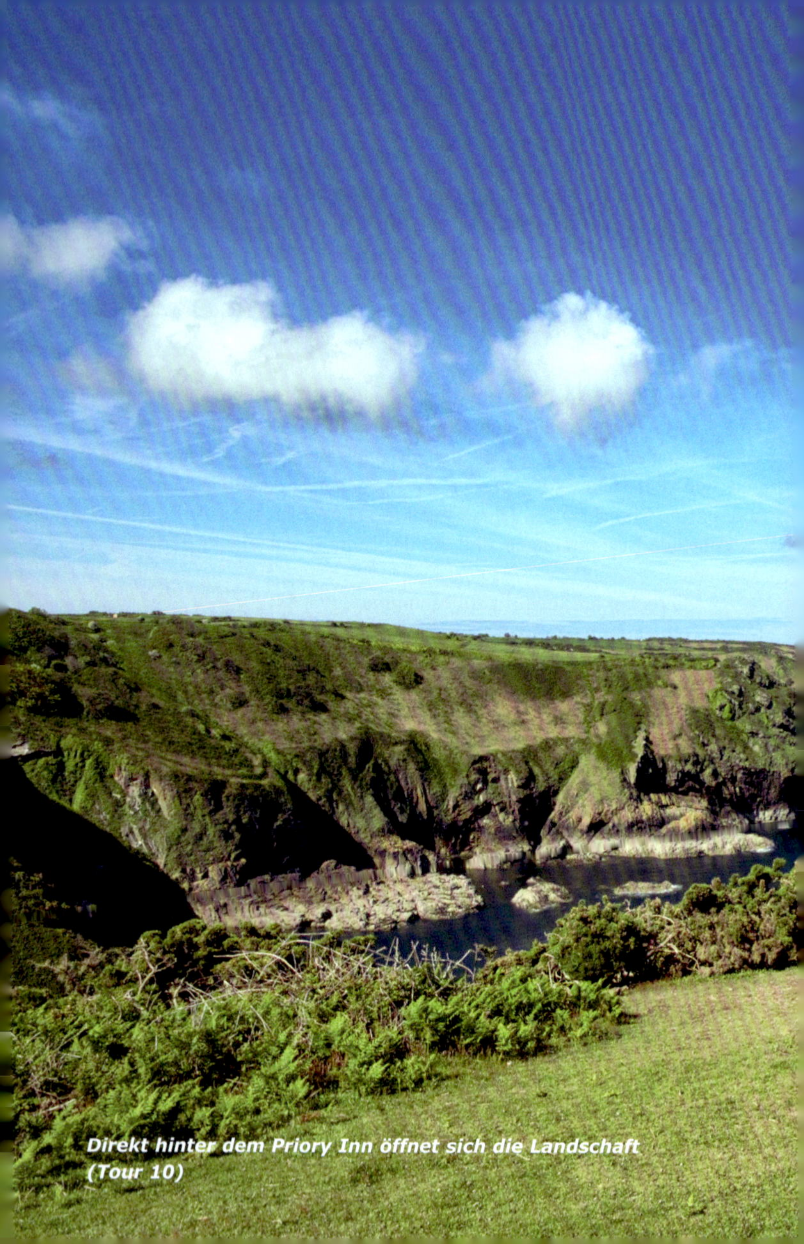

Direkt hinter dem Priory Inn öffnet sich die Landschaft (Tour 10)

Jersey West

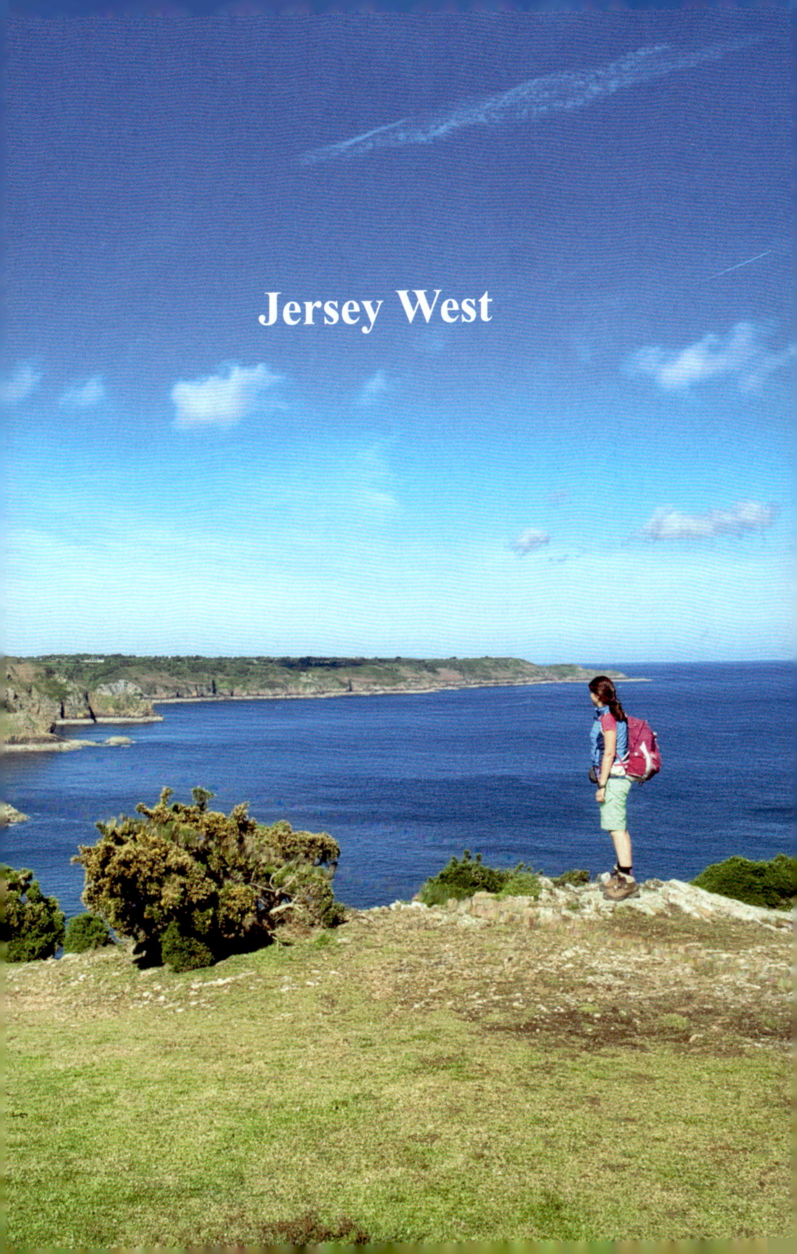

1 Vom Noirmont Point nach St Helier

Tour für Liebhaber von weiten Sandstränden

Der Strand an der St Aubin's Bay zwischen St Aubin und St Helier ist der größte Sandstrand auf Jersey. Eindrucksvoll ist gerade das Wandern bei Ebbe über die weiten Flächen. Unterwegs besuchen Sie die Kanonen am Noirmont Point, das idyllische Städtchen St Aubin und vielleicht am Ende noch Elizabeth Castle.

→ Start: Parkplatz am Portelet Inn, GPS N 49°10.354' W 002°10.371'; Ziel: Bushaltestelle am Kiosk Elizabeth Castle, St Helier, GPS N 49°11.201' W 002°06.945'

8,9 km

2 Std. 45 Min.

↑↓ 15 m/94 m

⇧ 0-65 m

keine Schilder oder Markierungen, aber gut zu finden

Zu Beginn gibt es gute Wanderwege, später geht es weglos über den Sandstrand. Bei Ebbe zu empfehlen.

Einkehr im Portelet Inn zu Beginn der Wanderung, außerdem in St Aubin oder in St Helier am Ende der Tour

Sitzmöglichkeit am Noirmont Point (km 1,1), in St Aubin (km 4,1) und an der Strandpromenade

Bademöglichkeiten im Victoria Pool (km 8,6)

Die Tour ist für Kinder ab 8 Jahren geeignet. Die Wege sind einfach und das Laufen durch den Sand macht Spaß.

Die Wanderung ist für Hunde gut geeignet. Allerdings besteht vom 1. Mai bis zum 30. September von 10:30-18:00 Leinenpflicht an den Stränden.

Der letzte Abschnitt zwischen St Aubin und St Helier kann an der Strandpromenade mit dem Buggy begangen werden.

P Parkplatz am Portelet Inn

Linie 12a verkehrt zwischen St Helier und der Bushaltestelle am Portelet Inn

Vom P Parkplatz oberhalb von der Portelet Bay am Portelet Inn folgen Sie dem Wanderpfad, der Sie in südlicher Richtung zu einem schönen Aussichtspunkt bringt.

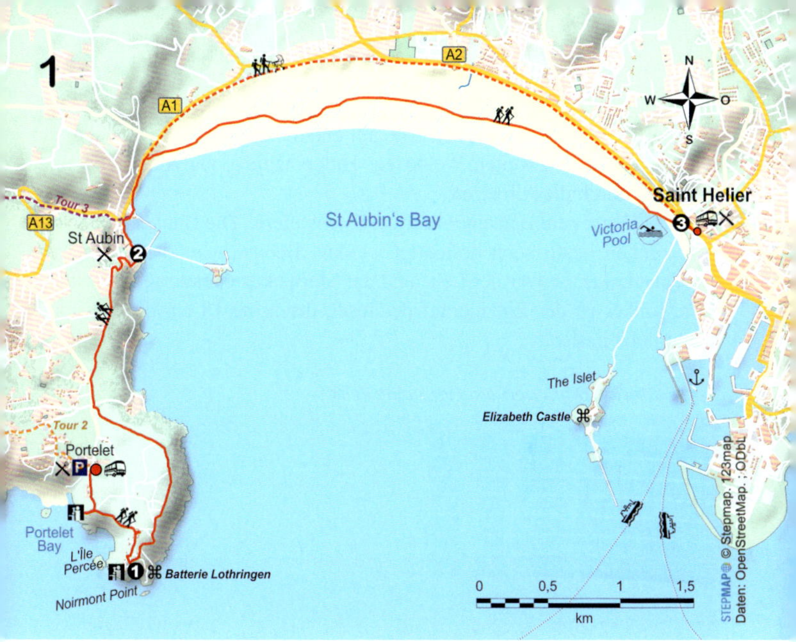

The Portelet Inn, La Route de Noirmont, St Brelade, JE3 8AJ,
00 44/15 34/74 18 99, www.randalls-jersey.co.uk/the-portelet-inn,
portelet@randalls.je, Mo-Sa 11:00-23:00, So 11:00-22:00

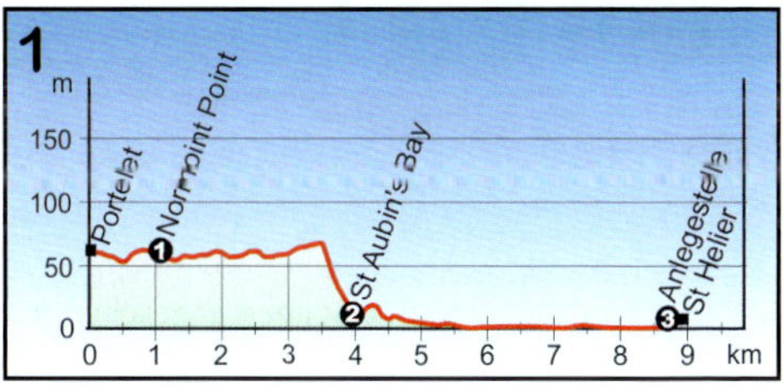

Sie genießen einen wunderbaren Tiefblick auf die Portelet Bay In der Mitte sehen Sie eine kleine Insel. Nun wenden Sie sich dem Steig nach links hinüber zum Normoint Point zu und wandern bis zu den Kanonen. Sie wenden sich auf einer Straße nach rechts und gelangen zum Normoint Point ❶. Die Aussicht von dieser südlichen Ecke Jerseys ist großartig.

⌘ Batterie Lothringen am Noirmont Point

Hier am Noirmont Point treffen Sie auf ehemalige deutsche Kanonen und Bunker aus dem Zweiten Weltkrieg. Hitler hatte große Angst vor einer Invasion durch die Alliierten.

Dies führte zum Bau einer Marineküstenbatterie. Die Bunker und Kanonen können heute noch besichtigt werden. Beeindruckend ist der große Befehlsbunker. Er war der Leitstand der Marineküstenbatterie Lothringen. Der Bunker ist der Einzige auf der Insel, der seine 18 cm dicke Kuppel heute noch besitzt.

Die Batterie Lothringen am Normoint Point

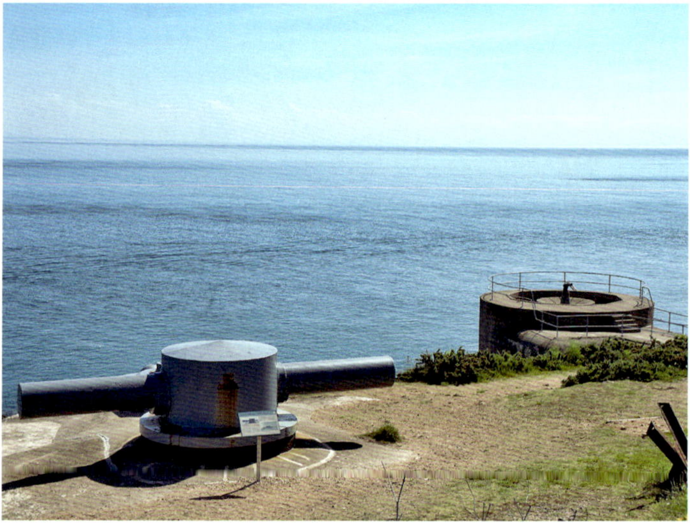

Nachdem Sie sich die Anlagen angesehen haben, machen Sie sich an den Weiterweg in Richtung St Aubin. Hierfür folgen Sie dem Steig auf der Ostseite der Halbinsel, der durch freies Gelände in den Wald führt. Sie wandern an einem Zaun entlang. Der Steig bringt Sie zurück zur Straße, die zurück zum Portelet Inn zieht. Auf dieser gehen Sie ein kurzes Stück nach Norden. Die erste Straßenabzweigung ignorieren Sie und biegen an der nächsten Abzweigung nach rechts. Sie betreten eine *green lane*. Auf dieser spazieren Sie zuerst etwas aufwärts, dann aber bringt Sie die *green lane* hinunter zur St Aubin's Bay ❷. Bei Ebbe können Sie noch hinüber zum ⌘ St Aubin's Fort laufen. Ansonsten wandern Sie an der Strandpromenade durch den Ort. Zahlreiche ✗ Einkehrmöglichkeiten im Ort laden zum Verweilen ein.

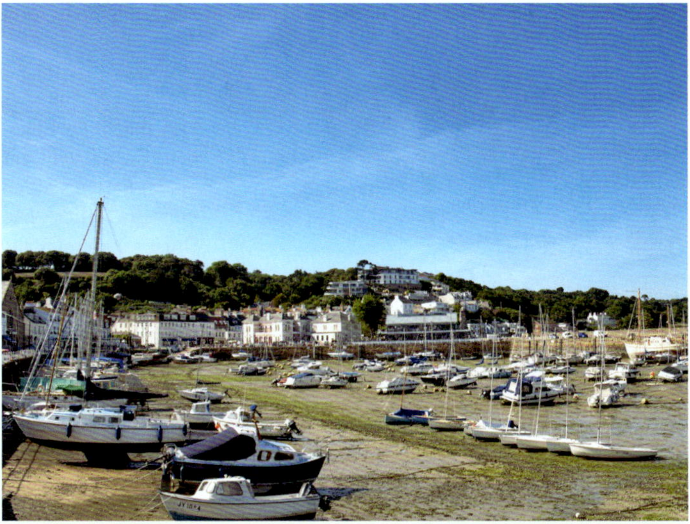

Der Hafen von St Aubin

St Aubin

Das kleine Fischerdorf St Aubin verströmt einen besonderen Charme. Besonders an einem lauen Sommerabend können Sie wunderbar an der Strandpromenade sitzen und die Aussicht genießen. In der weiten Bucht landeten früher die Flugzeuge, bevor der Flughafen gebaut wurde. Im Ort sollten Sie unbedingt der ⌘ Harbour Gallery einen Besuch abstatten. Hier stellen lokale Künstler Gemälde, Schmuck, Skulpturen, Möbel und Fotografien aus.

⌘ Harbour Gallery, Le Boulevard, St Aubin, St Brelade, JE3 8AB,
☏ 00 44/15 34/74 30 44, 🖳 www.theharbourgalleryjersey.com. tgl. 10:00-17:30

Die Strandpromenade lädt selbst ab dem Ortsende zum Weiterflanieren ein. Sie führt bis St Helier und ist auch problemlos mit Buggys zu begehen.

Bei Ebbe ist es aber viel schöner, auf den Strand zu wechseln und über diesen weiter in Richtung St Helier zu spazieren. Sie wandern durch die weite Bucht vor St Helier, passieren den künstlichen Victoria Pool, in dem man bei Ebbe schwimmen kann, und gelangen zur Anlegestelle zum Elizabeth Castle ❸.

Elizabeth Castle

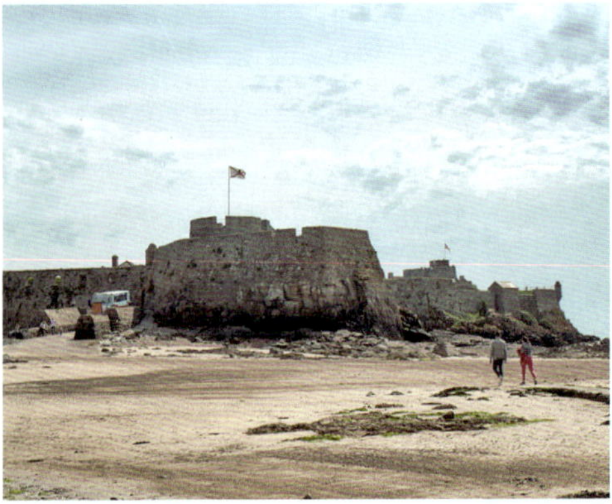

Elizabeth Castle

Das mächtige Elizabeth Castle steht auf einem Felsen südlich von St Helier. Die Burg stammt aus dem 16. Jahrhundert, als Mont Orgueil Castle an der Ostküste zur Verteidigung der Insel nicht mehr ausreichte. Die Burg kann besichtigt werden und zeigt Elizabeth Castle im Wandel der Zeit. Besonders erschreckend sind die Bunkeranlagen aus dem Zweiten Weltkrieg. Vom Burgturm genießen Sie eine prächtige Aussicht auf die Umgebung. An der Südspitze liegt Hermitage Rock. Hier soll der Heilige Helier gelebt haben.

Bei Ebbe kann Elizabeth Castle zu Fuß erreicht werden, ansonsten lässt man sich mit Amphibienfahrzeugen hinüberfahren.

♦ Elizabeth Castle, www.jerseyheritage.org/places-to-visit/elizabeth-castle, 29. März bis 3. Nov 10:00-17:30, Eintritt: £ 14,95 für Erwachsene, £ 10,75 für Kinder, £ 46,25 für Familien (jeweils Burg und Überfahrt), £ 12,25 für Erwachsene, £ 7,95 für Kinder, £ 35,35 für Familien (jeweils nur Eintritt)

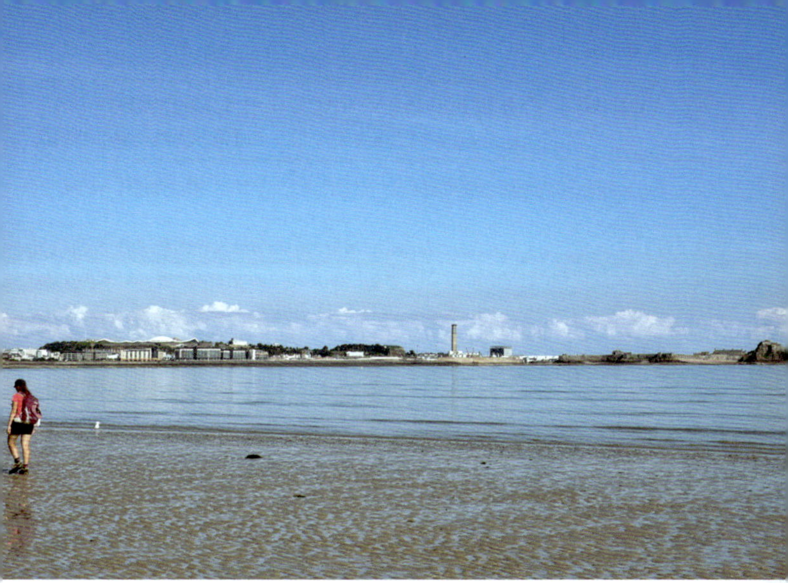

Über den weiten Strand geht es nach St Helier

Von der Anlagestelle steigen Sie die Stufen hinauf zur Straße und gehen zur Bushaltestelle. Sie könnten jetzt noch St Helier einen Besuch abstatten. Wer sich den Stadtbummel für ein anderes Mal aufheben möchte, kann gleich hier in den Bus einsteigen und mit der Linie 12a zum Portelet Inn zurückfahren. Falls Sie auf den Bus warten müssen, bieten sich in der Umgebung einige Einkehrmöglichkeiten an.

Alternativ können Sie nach der Rückkehr auch im Portelet Inn noch einkehren und ein Ale oder einen kühlen Cider genießen.

2 Von der Portelet Bay nach La Corbière

Tour für Sonnenuntergangsliebhaber

Die Wanderung von der Portelet Bay führt über die Strandpromenade von St Brelade. Danach erwartet Sie ein Panoramaweg entlang der Küste bis zum Westen der Insel – direkt vor dem Leuchtturm La Corbière. Traumhaft wird es hier am Abend, wenn die Sonne im Meer versinkt.

→ Start: Parkplatz am Portelet Inn, GPS N 49°10.354' W 002°10.371'; Ziel: Bushaltestelle am Parkplatz beim Leuchtturm La Corbière, GPS N 49°10.810' W 002°14.362'
7,9 km
2 Std. 30 Min.
91 m/89 m
4-66 m
Im westlichen Teil Schilder des footpath. Der Weg ist problemlos zu finden.
gute Wanderwege, ohne besondere Schwierigkeiten
Portelet Inn zu Beginn der Wanderung, Restaurants in St Brelade (km 3,2), zudem ein Kiosk am Ende der Wanderung
Sitzmöglichkeit in St Brelade (km 3,2)
Bademöglichkeiten an der St Ouaisné Bay (km 1,8) und der St Brelade's Bay (km 3,2)
Die Tour ist für Kinder ab 10 Jahren geeignet. Die Wanderung ist nicht zu lang und die Wege sind abwechslungsreich.
Die Wanderung ist für Hunde gut geeignet. Allerdings besteht vom 1. Mai bis zum 30. September von 10:30-18:00 Leinenpflicht an den Stränden.
Es kann nur an der Strandpromenade von St Brelade mit dem Buggy gefahren werden.
P Parkplatz am Portelet Inn
Linie 12a zur Bushaltestelle am Portelet Inn und vom Ziel zurück nach St Aubin

Auch diese Wanderung startet am P Parkplatz und an der Bushaltestelle beim Portelet Inn.

The Portelet Inn, La Route de Noirmont, St Brelade, JE3 8AJ, ☎ 00 44/15 34/74 18 99, www.randalls-jersey.co.uk/the-portelet-inn, portelet@randalls.je, Mo-Sa 11:00-23:00, So 11:00-22:00

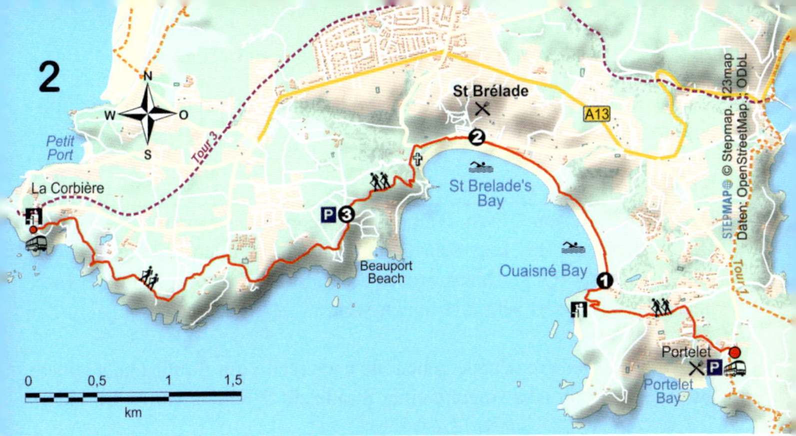

Von der Bushaltestelle gehen Sie am Gasthaus vorbei und folgen einem Teersträßchen zu ein paar Häusern. Sie spazieren auf einer nur für Fußgänger freigegebenen Straße zwischen den Häusern hindurch und biegen dann nach rechts ab. Die Straße führt zu einer Querstraße, auf die Sie nach links einbiegen. Sie wandern zu einem weiteren Parkplatz. Hier nehmen Sie den rechten Weg zu einem schönen Aussichtspunkt mit wunderbarem Blick auf das Meer und den Strandort St Brelade. Nun gehen Sie auf schmalem Steig über viele Treppenstufen hinunter zum Meer und über wackelige Blöcke zum Strand der Ouaisné Bay ❶. Dieser Abschnitt empfiehlt sich nur bei ruhiger See, denn die letzten Meter bringen Sie sehr nah an das Wasser heran.

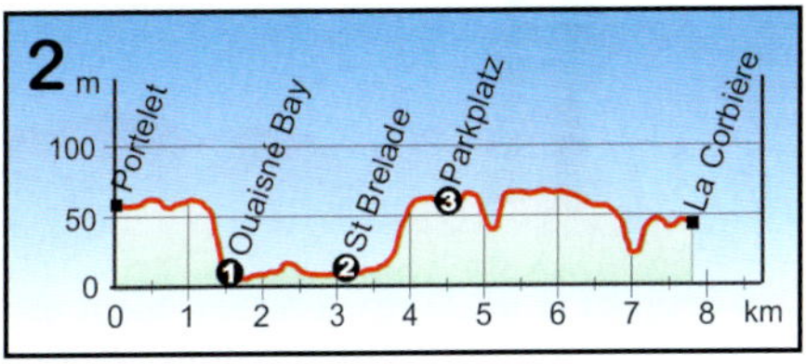

Ansonsten sollten Sie von der Zufahrtsstraße vom Portelet Inn zur ersten Kreuzung wandern und hier nach links abbiegen und zum Strand laufen.

Nun gehen Sie am Strand entlang zu einer grünen Anhöhe. Der Steig führt darüber hinweg zum Strand von St Brelade ❷. Nun flanieren Sie auf der Strandpromenade bis zu ihrem Ende.

Wer möchte, kann in einem der ✕ Restaurants einkehren und dem Treiben im Wasser zusehen.

St Brelade

Der Ort ist sehr touristisch. Hier finden Sie viele Restaurants und Hotels. Die St Brelade's Bay liegt sehr geschützt zwischen den Halbinseln Noirmont und La Corbière. Der Strand ist der sanfteste Badestrand auf der Insel und auch für Kinder sehr empfehlenswert.

Am Ende der Promenade gehen Sie nach rechts zur Straße und wandern auf dieser bis zur Abzweigung einer Straße zur ✞ Kirche von St Brelade.

✞ Kirche St Brelade

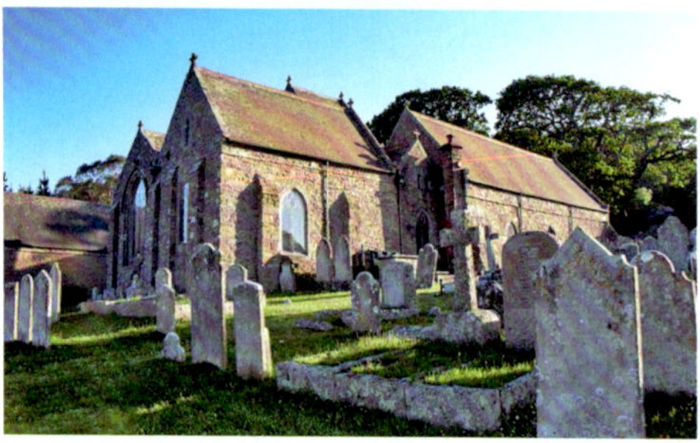

St Brelade's Church

Die Kirche von St Brelade befindet sich etwas außerhalb des Ortes. Sie ist eine der schönsten Kirchen auf der Insel. Gleich nebenan steht die Fisherman's Chapel. Die mittelalterliche Kirche mit ihrem gotischen Stil ist ziemlich einzigartig.

An der Kirche gehen Sie rechts vorbei, biegen noch einmal nach links ab und wandern auf der Privatstraße den Berg hinauf. Bald schon zweigt ein schmaler Steig nach rechts ab, dem Sie bergauf zu einer Anhöhe folgen. Wieder bietet sich ein schöner Ausblick auf St Brelade. Sie erreichen den P Parkplatz vom Beauport Beach ❸, einem der schönsten Strände auf Jersey. Wenn Sie keinen Abstecher zum Strand hinunter unternehmen wollen, gehen Sie auf dem footpath geradeaus weiter. Der Steig bringt Sie wieder an die Klippen heran und sehr nah an einer wilden Felskulisse vorbei. Über eine steile Treppenreihe wandern Sie bergauf, gehen noch ein Stück am Küstenpfad nach links und biegen vor einem Haus nach rechts ab. Sie gehen an einem Gefängnis vorbei und folgen gleich wieder dem Küstenpfad nach links zu einer Sendestation. An dieser gehen Sie links vorbei und wandern wieder hinüber in Richtung Meer. Hoch über der Küste führt der Weg weiter. Bald schon erkennen Sie den Leuchtturm La Corbière. Sie überqueren alte Gleise, gehen durch ein kleines Tälchen und steigen hinauf zum P Parkplatz am Radio Tower, den man heute als Unterkunft mieten kann. Beeindruckend ist der Ausblick hinüber zum Leuchtturm ⌘ La Corbière. Hier am Ende der Wanderung befindet sich ein Kiosk (ungewiss), an dem Sie Erfrischungen erhalten. Direkt an der Straße befindet sich die Bushaltestelle, wo der Bus zurück nach St Aubin abfährt.

Pause auf dem Weg nach Corbière

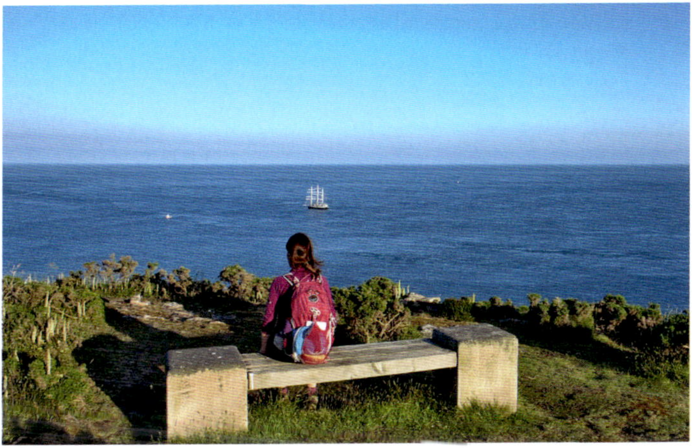

☺ Bei Ebbe können Sie zum Leuchtturm hinüberwandern. Dabei sollten Sie immer auf die Gezeiten achten, damit Sie auch wieder zurückkehren können, denn es gibt keine Alternative für den Rückweg.

⌘ Der Leuchtturm La Corbière

Der Leuchtturm stammt aus dem Jahr 1874. Er steht auf rotem Granit und ist der erste Leuchtturm auf den britischen Inseln, der aus Beton erbaut wurde. Den Turm können Sie im Rahmen einer Führung durch Sue Hardy besichtigen.

☏ 00 44/15 34/86 36 76 oder 00 44/77 97/81 46 94

③ La Corbière Walk

Tour auf den Spuren der Schienen

Der La Corbière Walk verläuft auf der Trasse der ehemaligen Eisenbahn. Dementsprechend gemütlich ist die Wanderung und auch für Buggys geeignet. Kindern wird es hingegen auf der Strecke eher zu langweilig sein. Eine tolle Alternative ist es, die Tour mit dem Fahrrad zu unternehmen. Am Start in St Aubin gibt es einen Fahrradverleih.

→ Start: Ortsmitte von St Aubin, GPS N 49°11.257' W 002°10.170'; Ziel: Bushaltestelle am Parkplatz vom Leuchtturm La Corbière, GPS N 49°10.877' W 002°14.457'

6,3 km

2 Std. 30 Min.

↑↓ 66 m/48 m

⇧ 6-72 m

gut ausgeschildert (La Corbière Walk)

breiter, einfacher Wanderweg

Einkehr am Beginn in St Aubin sowie Kiosk am Ende der Wanderung, unterwegs gibt es das Railway Café (km 2,4) und es ist ein Abstecher zum Poplars Tea Room (km 4,5) möglich.

unterwegs immer mal wieder Bänke mit Sitzmöglichkeiten

Die Tour ist für Kinder ab 8 Jahren geeignet. Allerdings ist der Weg nicht sehr abwechslungsreich – daher besser mit dem Fahrrad. Dann müssen Sie aber die Strecke auch zurückfahren, da Fahrräder im Bus nicht erlaubt sind.

Die Wanderung ist für Hunde gut geeignet.

Der Weg kann mit dem Buggy gefahren werden.

P Parkplatz in St Aubin

mit den Buslinien 12, 12a und 14 nach St Aubin und Ziel mit den Buslinien 12 und 12a zurück nach St Aubin

Vom P Parkplatz in St Aubin folgen Sie den Schildern des Corbière Walk. Gleich zu Beginn sehen Sie auf der linken Seite einen Fahrradverleih.

Jersey Bike Hire, Mont Les Vaux, St Aubin, JE3 8AF, ☎ 00 44/15 34/74 67 80, www.jerseybikehire.co.uk, 1. April bis 31. Okt 9:00-13:00, im Juli und Aug 9:00-16:00

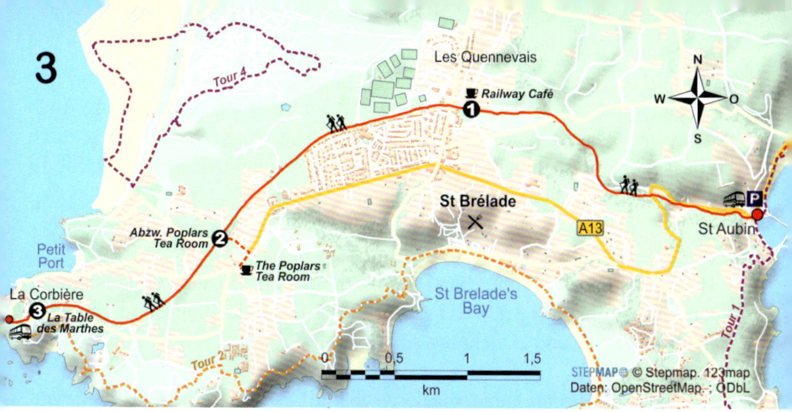

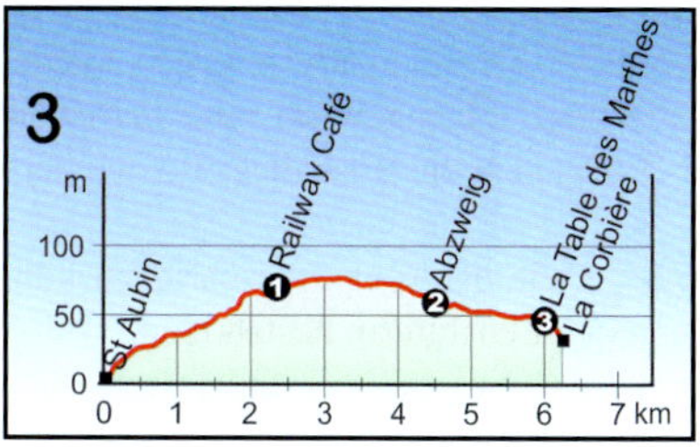

Der Corbière Walk führt nun durch ein schönes bewaldetes Tal. Bald kommen Sie an die Straße zwischen St Aubin und St Brelade, die Sie aber gleich wieder nach links verlassen. Sie überqueren eine kleine Straße auf einer Brücke und gehen unter der Hauptstraße hindurch. Der Weg führt immer schön durch den Wald abseits der Straße. Sie gehen zwischen St Brelade und Quennavais hindurch und kommen nach dem Überqueren einer Straße zum ☕ Railway Café ❶.

☕ Railway Café, Petite route des Mielles, St Brelade, JE3 8BZ, ☏ 00 44/77 00/36 01 65, 🚪 So-Mi 9:00-17:00, Do-Sa 9:00-20:30

Nun gehen Sie an der örtlichen Schule und den Sportplätzen vorbei. Später passieren Sie noch einen Golfplatz.

↳ An der nächsten Straßenüberquerung bietet Ihnen ein Schild nach links einen Abstecher zum schönen ☕ Poplars Tea Room an ❷. Der Abstecher lohnt sich, die scones sind einfach köstlich.

☕ The Poplars Tea Room, La Moye, St Brelade, JE3 8LN, ☏ 00 44/15 34/74 21 84, 🚪 Mi-Mo 10:00-17:00

Nach der Einkehr gehen Sie zurück zum Hauptweg.

Sie wandern auf dem Corbière Walk zur nächsten Abzweigung. Auch hier ginge es noch einmal zum Tea Room. Nun folgen Sie dem Weg durch eine schöne Allee und überqueren eine letzte Straße. Der Weg bringt Sie zu ⌘ La Table des Marthes ❸.

⌘ La Table des Marthes

Bei La Table des Marthes handelt es sich um einen flachen Granitstein. Er hat eine Größe von 3,8 x 2 x 0,78 m und wurde im Jahr 1850 entdeckt. Seine Herkunft und Bedeutung sind unklar.

Nach der Besichtigung spazieren Sie auf dem Weg weiter, bis Sie auf die Straße kommen. Jetzt sollten Sie noch nach rechts zum 🅿 Parkplatz vom Corbière-Leuchtturm gehen und den Leuchtturm bewundern oder sich im Kiosk (🚪 ungewiss) eine Erfrischung gönnen. Direkt an der Straße befindet sich die Bushaltestelle, wo der Bus zurück nach St Aubin abfährt.

☺ Wie bei Tour 2 beschrieben können Sie bei Ebbe hinüberwandern und den Leuchtturm besichtigen.

Blick zum Corbiere Leuchtturm

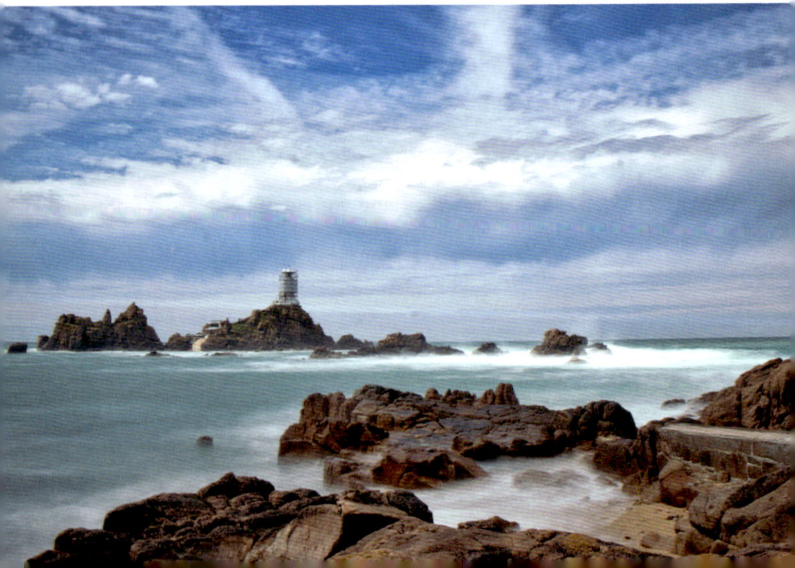

④ La Rocco Tower und Dünen bei La Pulente

Tour für Freunde von Sanddünen

Der La Rocco Tower ist ein historischer Martelloturm, zu dem man bei Ebbe fast komplett hinwandern kann. Daher möchten wir die Tour nur bei Ebbe empfehlen. Es ist einfach schön, über den Strand zu wandern. Der Rückweg führt durch eine eindrucksvolle Dünenlandschaft. Die Wanderung ist kurz, aber spannend und abwechslungsreich.

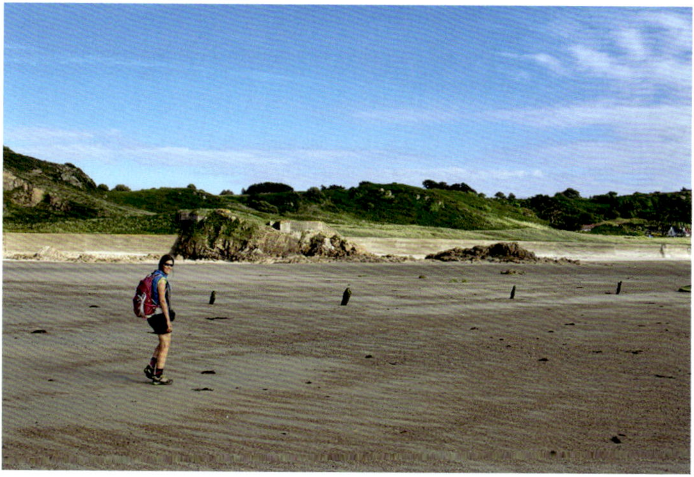

Bei Ebbe kann man wunderbar über den Strand laufen

↻ Start/Ziel: Parkplatz am Restaurant Le Braye an der St Ouen's Bay, GPS N 49°11.901' W 002°13.448'

➲ 5,2 km

⌛ 1 Std. 30 Min.

↑↓ 76 m/76 m

⇧ 0-72 m

✎ Nicht ausgeschildert. Gerade im Dünengelände nicht einfach zu finden. Sie sollten sich an Beschreibung und Track halten.

weglos im Meer, schmale Pfade in den Dünen

Restaurant Koru Arms (km 1,9) und Restaurant Le Braye am Ausgangs- und Endpunkt.

keine Sitzmöglichkeiten unterwegs

Die Tour ist für Kinder ab 8 Jahren geeignet. Das Wandern im Meer und durch die Dünen macht Spaß.

Die Wanderung ist für Hunde gut geeignet. Allerdings besteht vom 1. Mai bis zum 30. September von 10:30-18:00 Leinenpflicht an den Stränden.

Der Weg kann mit dem Buggy nicht befahren werden.

P Parkplatz am Restaurant Le Braye an der St Ouen's Bay

mit der Buslinie 22 zum Parkplatz beim Restaurant Le Braye

Sie parken am großen P Parkplatz neben dem Restaurant Le Braye und gehen zum Strand hinunter.

Restaurant Le Braye, La Grande Route des Mielles, St Brelade, JE3 8FN, ☏ 00 44/15 34/48 13 95, www.lebraye.com, lebraye@gmail.com, So 9:00-17:00, Mo-Do 9:00-15:00, Fr u. Sa 9:00-20:00

Nun spazieren Sie im Sand bei Ebbe geradeaus zum Turm ⌘ La Rocco Tower ❶.

⌘ La Rocco Tower

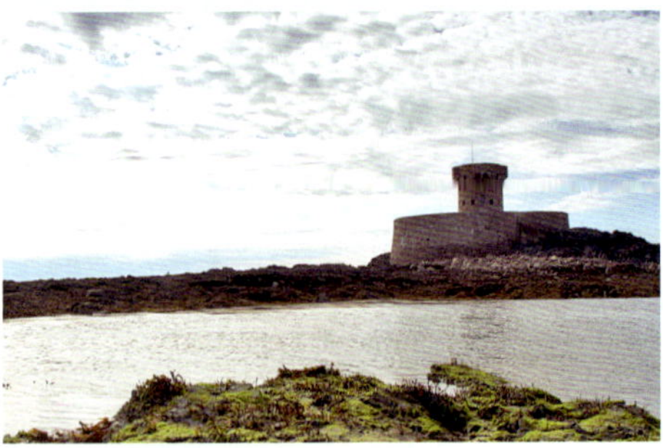

Der Rocco Tower

Der La Rocco Tower ist ein ehemaliger Martelloturm. Er stammt aus dem 18. Jahrhundert und steht auf einer kleinen Felsinsel. Der Turm kann für eine sehr rustikale Übernachtung über Jersey Heritage gebucht werden.

www.jerseyheritage.org/holiday

Direkt vor dem Tower ist ein tiefer Priel, der nur bei niedrigem Wasserstand überquert werden kann. Ansonsten kehren Sie vor dem Turm um und gehen wieder ein Stück zurück. Dann spazieren Sie in südliche Richtung weiter und wandern über den Strand bis unter die Häuser von La Pulente. Sie nehmen die rechteste Treppe und steigen hinauf zum P Parkplatz. Hier befindet sich auch das ✕ Restaurant Koru Arms ❷.

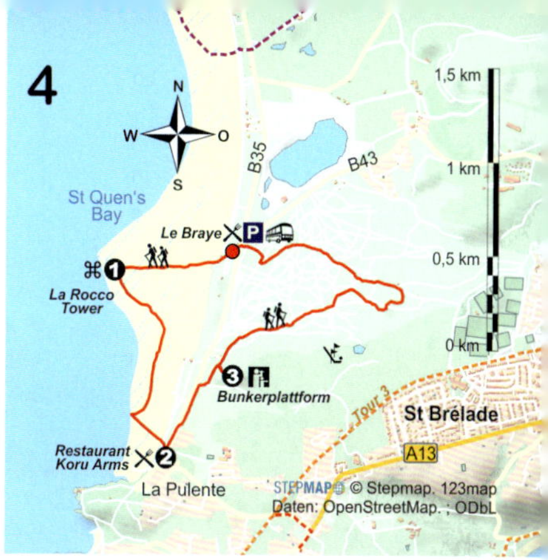

✕ Restaurant Koru Arms, La Route de la Pulente, St Brelade, JE3 8HG, ☏ 00 44/15 34/74 44 87, www.lapulente.com, koruarms@lapulente.com, So & Mo 11:00-22:00, Di-Sa 11:00-23:00

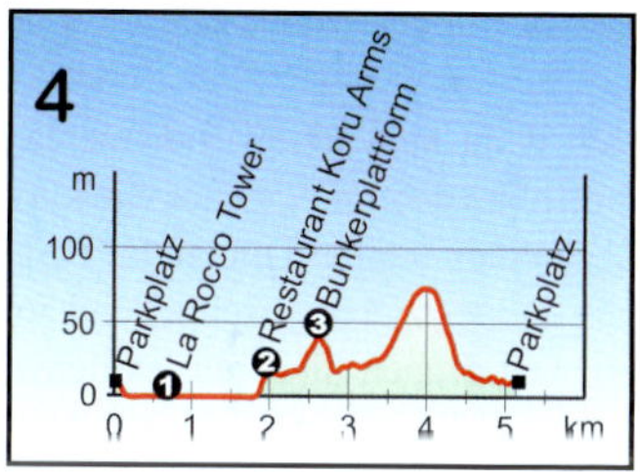

Vom Parkplatz wandern Sie auf einem Pfad entlang der Straße nach links bis zu einem weiteren P Parkplatz auf der gegenüberliegenden Seite. Sie überqueren die Straße und gehen vom Parkplatz zu einem Millennium Stone in der Wiese. Vom Stein aus nehmen Sie den Querweg parallel zur Straße, der steil und mühsam über eine Düne bergauf führt. Sie gelangen auf den Kamm, von dem Sie auf das Meer blicken. Bevor Sie auf der anderen Seite wieder bergab gehen, können Sie noch nach rechts auf einem schmalen Steig zu einer alten Bunkerplattform aufsteigen ❸. Auch von hier oben bietet sich eine schöne Aussicht.

Auf der anderen Seite des Kammes steigen Sie über Treppenstufen an einem weiteren Bunker vorbei bergab. Kurz vorm Erreichen eines weiteren P Parkplatzes gehen Sie nach rechts auf einen deutlichen Steig. Sie folgen nun immer dem Hauptpfad in gerader Richtung. Bei einem deutlichen Gratdurchschlupf steigen Sie auf steilem Steig geradeaus weiter und halten

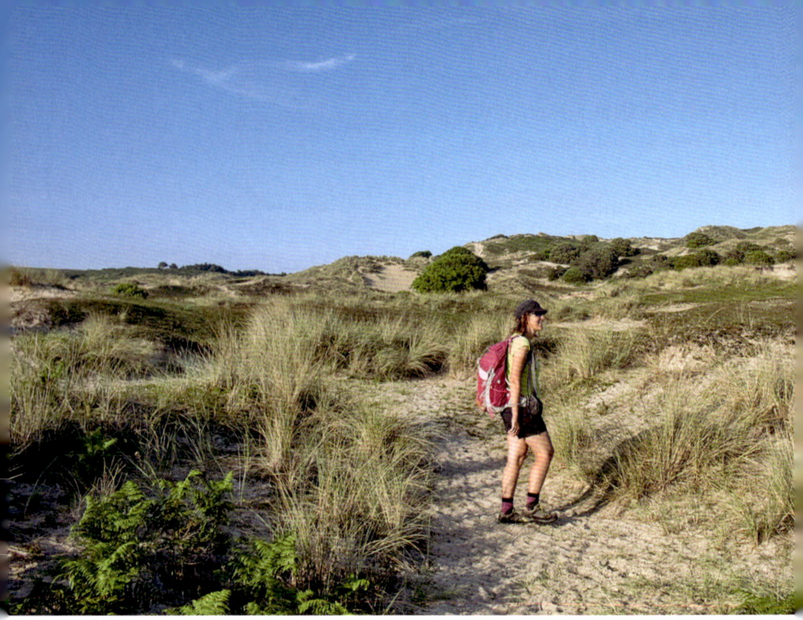

Der 2. Teil der Wanderung führt durch die Dünen

sich dann tendenziell eher rechts. An der Stelle, an der Sie erstmals den Golfplatz erkennen, gehen Sie kurz nach links und steigen dann nach rechts über einen steilen Dünengrat bergauf. Sie gehen nun einen weiten Kessel aus und spazieren anschließend auf dem deutlichen Steig nach rechts bergab. Die Dünen sind nun stellenweise deutlich begrünter. Sie halten sich immer in Richtung Küstenstraße und folgen dabei den deutlichsten Spuren. Teilweise ist der sandige Steig ordentlich steil. Unten im Talboden erreichen Sie einen weiteren einzelnen Stein, von dem Sie nach schräg rechts in Richtung Küstenstraße gehen. Kurz vor der Straße kommen Sie an eine Einzäunung, an der Sie an der rechten Seite vorbeigehen. Sie erreichen nun die Küstenstraße und gehen zum P Parkplatz auf der anderen Straßenseite. Auf der Terrasse vom Restaurant ✕ Le Braye können Sie die Wanderung ausklingen lassen und abends können Sie hier einen traumhaften Sonnenuntergang genießen.

5 Von der St Ouen's Bay zum Stausee Val de la Mare

Tour für Aussichtsliebhaber

An der St Ouen's Bay gibt es einen weiteren Strand an der Westküste Jerseys. Von hier führt ein Weg zum Stausee Val de la Mare. Von einem Aussichtspunkt oberhalb des Sees genießen Sie einen traumhaften Blick auf das Meer.

- Start/Ziel: Parkplatz am Kempt Tower, GPS N 49°13.431' W 002°13.752'
- 8,3 km
- 2 Std. 15 Min.
- 85 m/85 m
- 0-85 m
- nicht ausgeschildert, aber ohne Probleme zu finden
- weglos im Meer, gute Wanderwege und Straßen
- Restaurant Sands am Strand (km 1,3), direkt neben der Lifeboat Station steht der mobile Strandkiosk The Line Up (km 2,4).
- Sitzmöglichkeiten am Stausee
- Die Tour ist für Kinder ab 10 Jahren geeignet. Der Teil am Strand macht Spaß. Ansonsten ist die Tour allerdings nicht so spannend.
- Die Wanderung ist für Hunde gut geeignet. Allerdings besteht vom 1. Mai bis zum 30. September von 10:30-18:00 Leinenpflicht an den Stränden.
- Der Weg am See kann mit dem Buggy befahren werden. Dafür muss man mit dem Auto dorthin fahren.
- P Parkplatz am Kempt Tower
- mit der Buslinie 22 zum Parkplatz beim Kempt Tower

Sie starten am P Parkplatz am Strand vor dem Kempt Tower. Am schönsten ist die Tour bei Ebbe. Dann können Sie zunächst eine ganze Zeit in südliche Richtung auf dem Sandstrand entlangwandern. Ansonsten müssen Sie oberhalb der Strandmauer gehen.

Sie kommen am Restaurant ✕ Sands vorbei, in dem Sie einkehren können.

✕ Sands, La Grande Route des Mielles, St Ouen, JE3 7FN, ☏ 00 44/15 34/48 17 05, tgl. 8:30-20:00

Am Ende des Strandabschnittes peilen Sie eine Lifeboat Station ❶ an und steigen über die Treppe hinauf. Direkt an der Lifeboat Station steht der Strandkiosk ☕ The Line Up.

☕ The Line Up, Five Mile Road, St Ouen, ☏ 00 44/77 97/86 11 21, genaue Zeiten ungewiss, tagsüber offen

Hier überqueren Sie die Küstenstraße und folgen einer *green lane* landeinwärts. Links und rechts befindet sich ein Golfplatz.

✋ Achtung vor herumfliegenden Golfbällen.

Die Straße macht eine kurze Links-Rechts-Kombination. Links im Feld sehen Sie einen Standing Stone (Menhir). Am Ende der *green lane* gehen Sie kurz nach rechts und biegen gleich auf den Sandweg nach links in Richtung der Staumauer des Stausees Val de la Mar ab. Vor einem Häus-

Schöne Wanderung entlang des Stausees

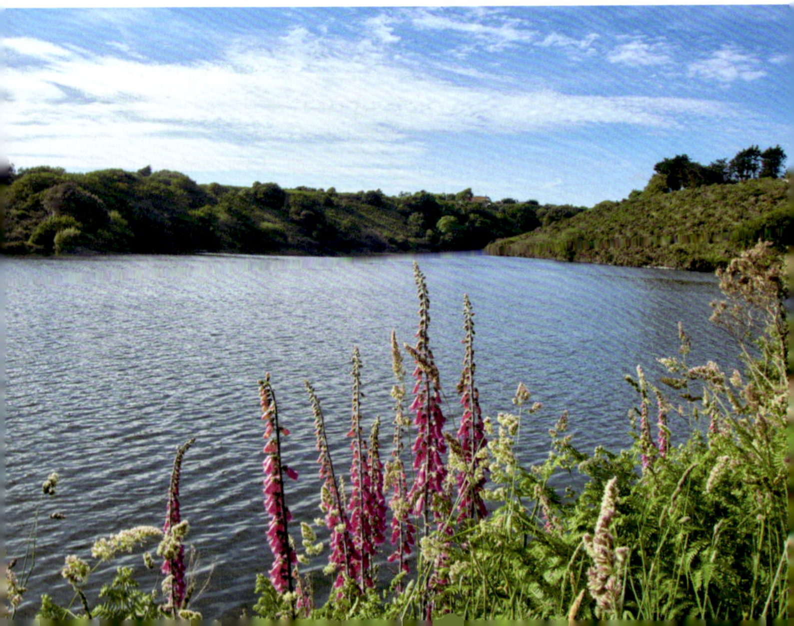

chen teilt sich der Weg. Sie nehmen den rechten Weg, der steil mit Hilfe von Treppen zur Dammkrone hinaufführt ❷.

Nun wandern Sie auf dem schönen, breiten Weg am Seeufer. Am Ende des Sees kommen Sie zu einer Wegteilung und halten sich links. Der Steig ist nun deutlich schmaler und führt hoch über dem Stausee zu wunderbaren Aussichtspunkten ❸. Sie können bis zum La Rocco Tower im Meer blicken. Nach einem kurzen Zwischenabstieg erreichen Sie nochmals eine schön gelegene Bank mit toller Aussicht. Nun führt der Steig noch ein Stück an einem Wasserarm landeinwärts und bringt Sie dann steil nach links bergab zum Wasser.

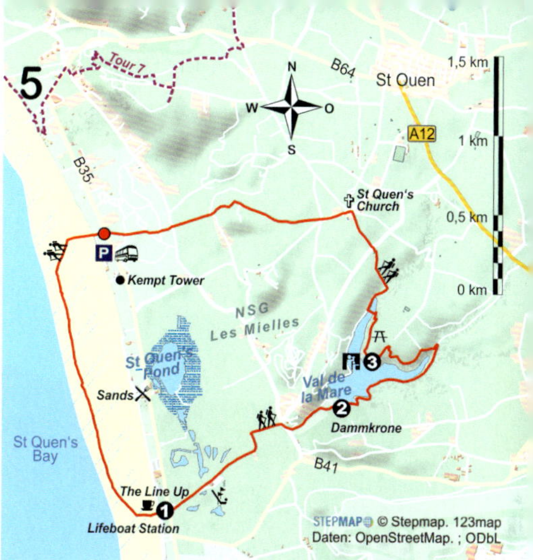

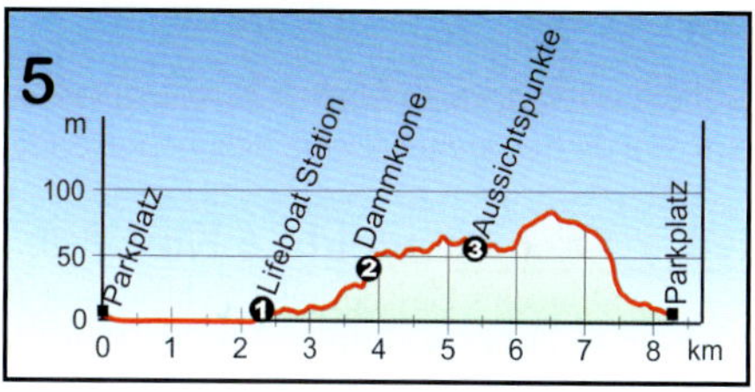

Über eine Dammbrücke gehen Sie auf die andere Uferseite. Hier wenden Sie sich nach rechts und wandern auf dem Feldweg durch ein Gattor und weiter hinauf zu einer Straßenkreuzung. Sie gehen geradeaus in die Rue de la Devise, auf der Sie die St Ouen's Church erreichen. Hier biegen Sie auf der Straße kurz nach links, bis Sie an einer Linkskurve einen Feldweg geradeaus nehmen. Diesem folgen Sie durch freies Gelände bergab zu einem Pfad. Sie gehen geradeaus und erreichen eine Straße. Diese überqueren Sie und bleiben auf dem Fußweg geradeaus durch das schöne Naturschutzgebiet Les Mielles. Wenig später treffen Sie wieder auf die Küstenstraße und den P Parkplatz beim Kempt Tower.

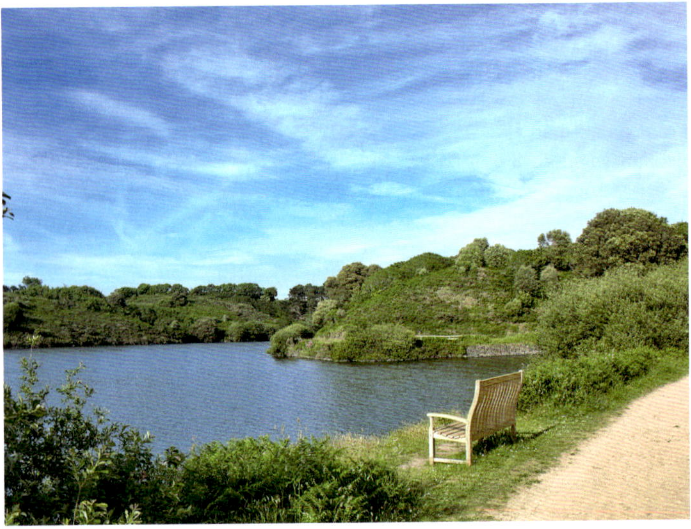

Am See gibt es immer wieder schöne Rastmöglichkeiten

☺ ❀ Orchideenfeld Le Noir Pré

Bei der St Ouen's Bay befindet sich Le Noir Pré, eine Wiese mit verschiedenen Orchideenarten, die gerade im Frühjahr auf der Insel blühen. Der National Trust Jersey hat einen kleinen Rundweg über die Wiese angelegt und pflegt das märchenhafte Örtchen liebevoll.

Nach der Wanderung lohnt sich ein kleiner Abstecher zur nahen Wiese. Sie liegt südlich vom Parkplatz an der Chemin de l'Ouzerie, ca. 800 m entfernt.

6 Durch St Peter's Valley

Tour für Rhododendronliebhaber und Geschichtsbegeisterte

Durch St Peter's Valley verläuft eine vielbefahrene Straße. Obwohl Sie teilweise entlang der Straße wandern, hat diese Tour ihre Reize. Da ist die alte Mühle Le Moulin de Quètivel, die heute von National Trust verwaltet wird, die beeindruckenden, aber auch schaurigen Jersey War Tunnels und als Höhepunkt ein kleiner Waldabschnitt mit im Frühjahr blühenden Rhododendren.

- Start/Ziel: Parkplatz an den Jersey War Tunnels, GPS N 49°12.604' W 002°09.255'
- 7,6 km
- 2 Std. 15 Min.
- 97 m/97 m
- 15-88 m
- Nicht ausgeschildert. Grundsätzlich gut zu finden. An ein paar Abzweigungen sollten Sie auf die Beschreibung achten.
- gute Wanderwege und Straßen
- Le Moulin de Quètivel (km 1,9) und Greenhills Country Hotel (km 5)
- keine Sitzmöglichkeiten unterwegs
- Die Tour ist für Kinder ab 8 Jahren geeignet. Teilweise ist der Weg aber nicht sonderlich spannend für Kinder.
- Die Wanderung ist für Hunde gut geeignet. Entlang der Straße sollte man sie anleinen. Ein Besuch der Jersey War Tunnels ist aber nur mit Blindenhund gestattet.
- Der breite Weg durch das Tal kann mit dem Buggy befahren werden. Vorsicht: Die Straßen am Ende der Wanderung sind schmal und müssen mit Autos geteilt werden.
- Parkplatz an den Jersey War Tunnels
- mit der Buslinie 8 oder 28 zu den Jersey War Tunnels

Das Auto parken Sie auf dem P Parkplatz der ⌘ Jersey War Tunnels. Sie gehen in südwestlicher Richtung über den Parkplatz zu einer *green lane*, der Sie nach links bis zu ihrem Ende folgen. Hier beginnt ein Pfad, der nach rechts in den Wald eintaucht. Am Weg steigen Sie ein kurzes Stück bergauf. An einer Wegteilung nehmen Sie den linken Steig, der Sie hinunter zur Straße bringt. Sie überqueren die Straße und gehen nach links zu einem Steingebäude, einer alten Mühle. Hinter dem Gebäude auf der rechten Seite beginnt ein schöner Waldweg. Dieser führt durch den Wald bis zum Anwesen ⌘ Le Moulin de Quètivel ❶. Sie überqueren die Straße und gehen hinter der Mühle nach links zum ☕ Café des National Trust. Die Mühle können Sie auch besichtigen.

⌘ ☕ Le Moulin de Quètivel, Le Mont Fallu, St Peter, JE3 7EF, 6. Mai bis 30. Sep Mo u. Di 10:00-16:00, Eintritt: £ 3 für Erwachsene, £ 1 für Kinder

Oberhalb der Mühle gelangen Sie zu einem P Parkplatz. Dort wählen Sie den Weg, der nach rechts in den Wald hineinführt. An einer Wegverzweigung gehen Sie auf dem Weg nach rechts bergab zu einem kleinen Teich. Hier beginnt ein geteerter Fuß- und Fahrradweg parallel zur Straße durch das Tal La Valle de St Pierre. Sie überqueren zweimal eine kleine Straße. Nach der zweiten Straße ❷ sehen Sie etwas oberhalb ein *footpath*-Schild, das Sie über Stufen erreichen. Sie steigen bergauf zu einem zweiten Schild und biegen hier nach rechts auf einen schmalen Pfad ab. Dieser bringt Sie zuerst bergauf, dann wieder bergab durch eine wunderschöne

Blühende Rhododendren mitten im Wald

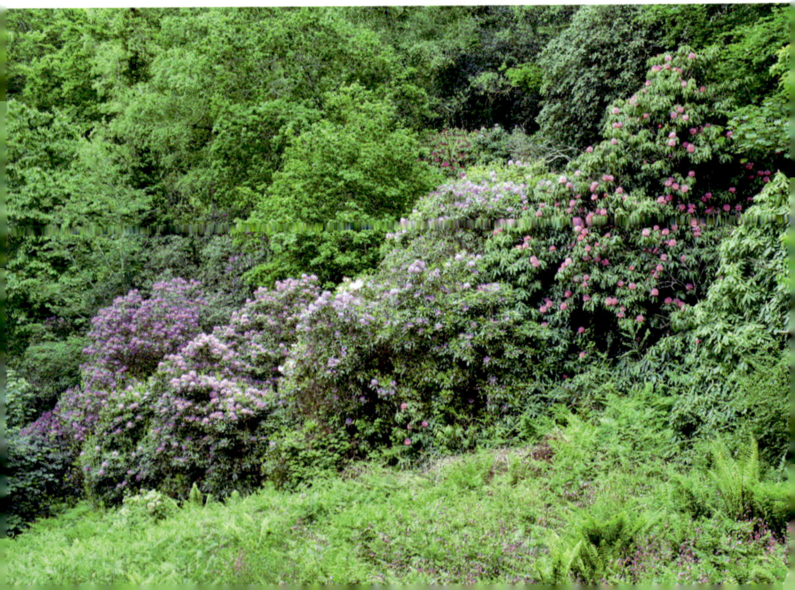

Vegetation. Vor allem die im Frühjahr blühenden Rhododendren sind herrlich. Sie erreichen wieder den geteerten Weg. Hier gehen Sie kurz auf der Straße nach rechts und überqueren diese zu einem Steig, der auf der gegenüberliegenden Straßenseite im Wald bergauf zu einem ungeteerten Forstweg führt. Sie bleiben nun immer auf dem breiten Weg, der Sie in einem Bogen zu einem Reiterhof bringt. Dann kommen Sie an eine Straße, auf der Sie nach rechts zu einer großen Kreuzung gehen. Hier befindet sich etwas abseits auf der linken Seite das ✕ Greenhills Country Hotel ❸, in dem Sie einkehren können.

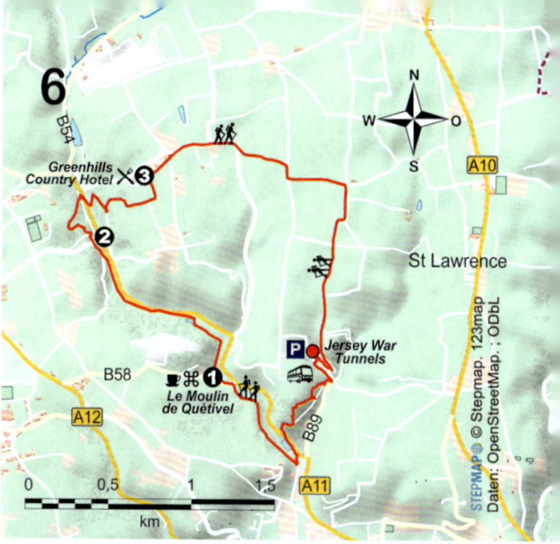

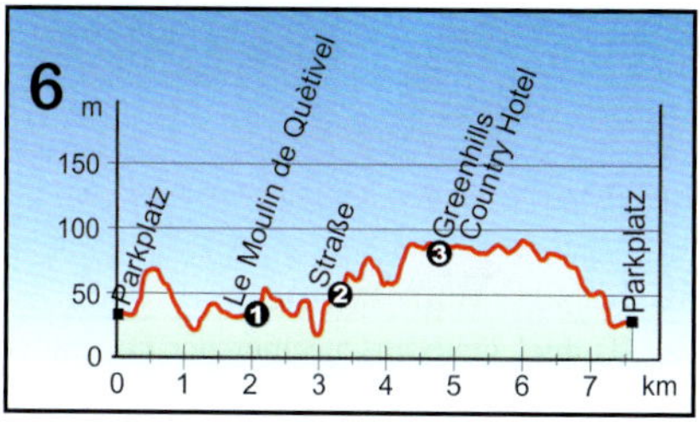

✕ Greenhills Country Hotel, La Rue l'Aleval, St Peter, JE3 7EL, ☏ 00 44/15 34/48 10 42, tgl. 12:30-14:00 und 12:00-21:30

Hier wandern Sie auf der Straße geradeaus weiter, bis nach rechts die Straße zu den Jersey War Tunnels abzweigt. Sie spazieren noch ein Stück geradeaus weiter bis zu ein paar großen Anwesen. Hier gehen Sie auf der Straße kurz nach rechts, biegen aber gleich wieder nach links ab. Sie folgen der *green lane* bis zur Morel Farm. Sie wenden Sie sich nach rechts und wandern auf der Straße Les Charrières Malorey in Richtung Süden. An der Verzweigung bleiben Sie auf der Straße, die kurz nach rechts führt. Auf dieser gehen Sie nun, bis Sie auf die Zufahrtsstraße zu den Jersey War Tunnels gelangen. Nach rechts kommen Sie zurück zum P Parkplatz.

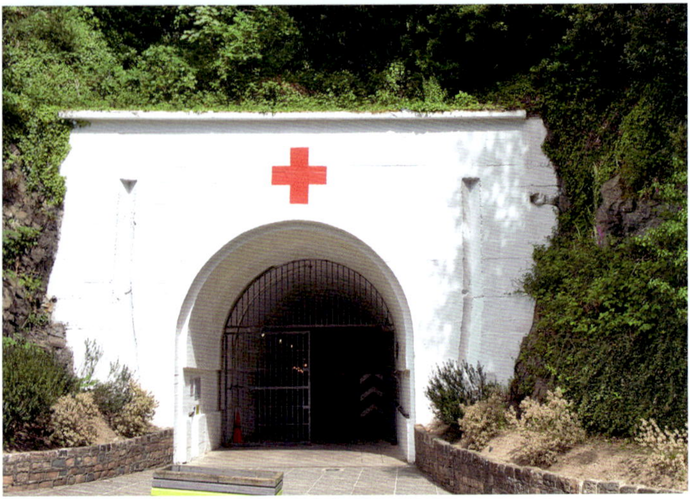

Der Eingang zu den Jersey War Tunnels

⌘ Jersey War Tunnels

Die Tunnel gehören zu einer der bedeutendsten Sehenswürdigkeiten Jerseys.

Das Tunnelsystem wurde von Nationalsozialisten ab 1941 angelegt. Hunderte von Zwangsarbeitern mussten 12 Stunden am Tag unter widrigsten Bedingungen arbeiten.

1944 wandelte man die Tunnel in ein Lazarett um, als man Angst vor einer Invasion Jerseys hatte. Ursprünglich waren sie zur Lagerung von Waffen und Munition gedacht. Die Anlage wurde zu einem beeindruckenden, aber auch bedrückenden Museum umgestaltet.

♦ Jersey War Tunnels, Les Charrières Malorey, St Lawrence, JE3 1FU, ☏ 00 44/15 34/86 08 08, 💻 www.jerseywartunnels.com, ✉ info@jerseywartunnels.com, 🚪 1. März bis 31. Okt 10:00-18:00, 1. bis 17. Nov 10:00-15:00, Eintritt: £ 15 für Erwachsene, £ 9 für Kinder ab 11 Jahren, £ 14 für Senioren

7 Von L'Etacq zum Plémont Beach

Tour für Geschichtsbegeisterte

Die Wanderung von L'Etacq bringt Sie entlang der Nordküste zum Plémont Beach, an dem Sie bei Ebbe baden können. Unterwegs treffen Sie auf Kanonen und Aussichtstürme aus dem Zweiten Weltkrieg, Le Pinacle, einen kulturhistorisch interessanten Felszacken, und das traumhaft gelegene Grosnez Castle.

Start/Ziel: Parkplatz bei L'Etacq, GPS N 49°14.432' W 002°14.970'

13,6 km

4 Std.

205 m/205 m

2-90 m

Nicht ausgeschildert. Der Küstenpfad ist gut zu finden. Im Landesinnern sollten Sie auf die Beschreibung achten.

teilweise schmale Wanderwege, aber auch ruhige Teerstraßen

The Vivier am Ausgangs-/Endpunkt, Café am Plémont Beach (km 5) und Café Ouen (km 6,5)

Am Weg bieten sich immer wieder schöne Sitzmöglichkeiten.

Bademöglichkeit am Plémont Beach (km 5)

Die Tour ist aufgrund der Länge für Kinder ab 12 Jahren geeignet. Die Plémont Bay mit ihren kleinen Höhlen macht Kindern beim Entdecken Spaß.

Die Wanderung ist für Hunde gut geeignet. Allerdings besteht vom 1. Mai bis zum 30. September von 10:30-18:00 Leinenpflicht an den Stränden.

Die Wanderung an der Küste ist für Buggys nicht geeignet. Auf den Straßen wäre es theoretisch möglich, mit dem Buggy zu laufen, es ist aber aufgrund des Verkehrs nicht empfehlenswert.

P Parkplatz bei L'Etacq

mit der Buslinie 22 nach L'Etacq zum Ausgangs-/Endpunkt

Sie parken bei P L'Etacq. Hier befindet sich auch The Vivier.

The Vivier, La Grande Route Des Havres, St Ouen, JE3 2FA, 00 44/15 34/48 35 00, https://www.faulknerfisheries.com/, Di-Sa 8:00-17:00, Mo 8:00-13:00

Sie folgen der Straße kurz links bergauf, bis nach links ein Pfad abzweigt. Am Steig steigen Sie steil bergauf zu einem Rücken, der hinüber zu einer ⌘ alten Kanone aus dem Zweiten Weltkrieg führt ❶. Nun wandern Sie immer auf dem Küstenpfad zu einem ehemaligen Überwachungsturm aus dem Krieg. Unterwegs blicken Sie nach links zu Le Pinacle, einem großen Megalithen an der Küste.

Le Pinacle

Der Felsen Le Pinacle ist 60 m hoch und ragt wie ein Menhir an der Küste in den Himmel. Er war in vergangenen Jahrhunderten eine wichtige Kultstätte.

Dieser Fels hatte wohl schon sehr lange eine mystische Wirkung auf Menschen.

Der Weg nimmt Sie entlang der Küste mit, vorbei an einem Beobachtungsturm aus dem Zweiten Weltkrieg und weiter zur Burgruine des Grosnez Castle ❷.

Grosnez Castle

Erbaut wurde die Burg um 1330 zum Schutz vor den Franzosen. Sie war auf drei Seiten von Felsklippen umgeben und deshalb praktisch uneinnehmbar. Da es allerdings keine eigene Quelle besaß, wurde es bald aufgegeben. Schon im 16. Jahrhundert verfiel die Burg zu einer Ruine. Heute stehen noch der Torbogen und ein paar Mauern.

Unterhalb der Ruine befindet sich ein Leuchtturm, der über eine Treppe erreicht werden kann und eine grandiose Aussicht bietet. Von hier können Sie die Inseln Guernsey, Sark, Herm und Jethou bewundern. Schließlich wandern Sie entlang der Klippe weiter und bekommen einen wunderbaren Blick zur Plémont Bay.

Sie spazieren weiter an der Klippe entlang, bis der Steig über ein paar Stufen ein Teersträßchen erreicht. Auf diesem gehen Sie nach links hinunter zum Plémont Beach Café ❸ und über eine Treppe zum Strand mit einem Tidenhub von 10 m.

Plémont Beach Café, Route de Plémont, St Ouen, JE3 2BD,
☏ 00 44/15 34/48 20 05, paulplemont@gmail.com, tgl. 9:00-17:00

Auf der Terrasse des Cafés können Sie wunderbar *Jersey Cream Tea* genießen.

Schließlich folgen Sie den Treppen nach links hinauf zu einer Straße und einem P Parkplatz. Sie wandern auf einem Steig zum ehemaligen Plémont Guardhouse und folgen noch kurz dem Küstenpfad, bis nach rechts ein Steig zu einem Gelände des National Trust führt. Sie wandern durch dieses hindurch zu einer Straße. Auf dieser gehen Sie links bis zur Kreuzung am Café Ouen ❹.

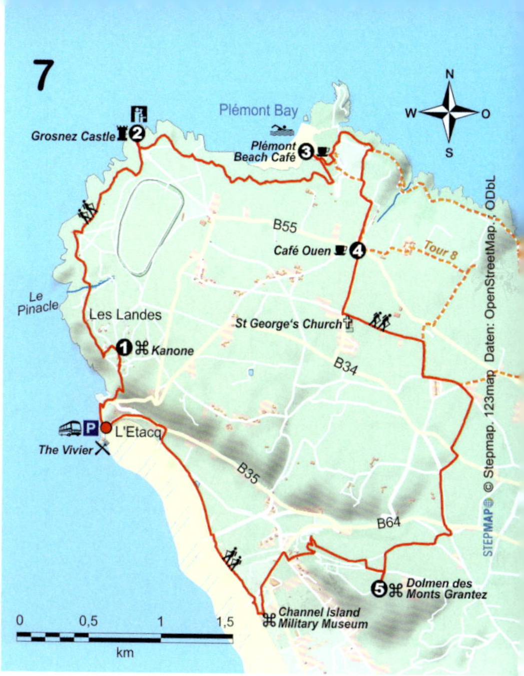

Café Ouen, Rue de la Porte, St Ouen, JE3 2FD, ☏ 00 44/15 34/51 02 74, tgl. 9:30-16:30

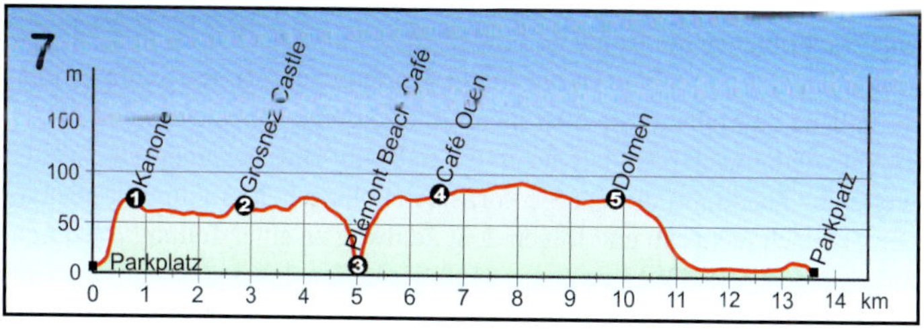

Sie gehen geradeaus weiter bis zur ✝ Kirche und biegen hier nach links in die Rue de Nord ab. An ihrem Ende wenden Sie sich nach rechts bis zur

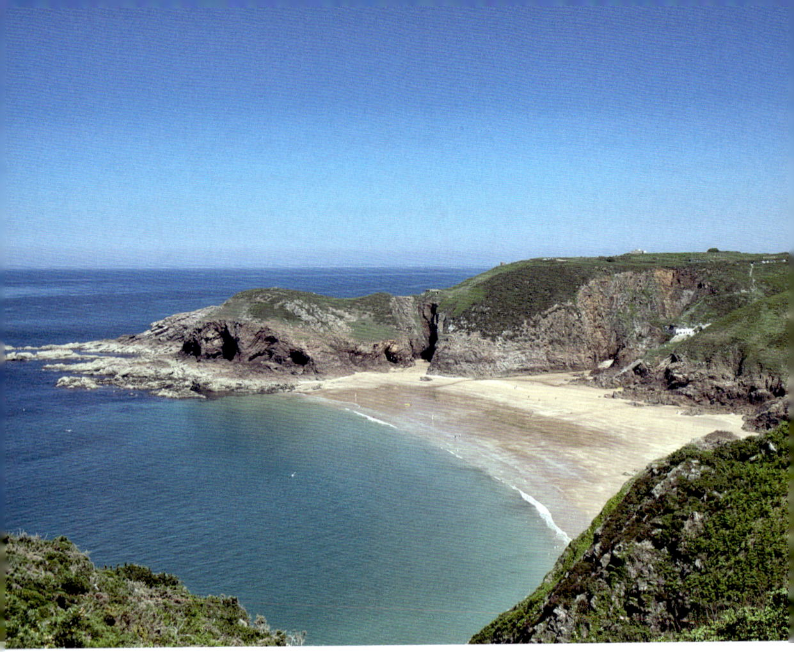

Blick auf Plemont Beach

nächsten Kreuzung. Hier biegen Sie nach links ab und ignorieren die nächsten beiden Straßen nach rechts. Sie erreichen größere Gebäude auf der linken Seite. Hier biegt nach rechts ein grasiger Pfad ab. Dieser war bei unserer Erkundung am Beginn und Ende ausgemäht, nur in der Mitte sind wir auf das benachbarte Feld ausgewichen, da er hier etwas zugewachsen war. Sie erreichen die Route de Trodez, gehen kurz nach links und vor dem ersten Haus nach rechts. An der folgenden Kreuzung gehen Sie nach links in die Rue de Mahaut. Sie überqueren die folgende Querstraße und biegen gleich wieder nach rechts in die erste Straße ab. Hier gelangen Sie zu einer weiteren Querstraße, auf der Sie kurz nach links gehen. An ihrem Ende biegen Sie nach rechts ab und folgen dem Feldweg zu einer Teilung. Jetzt nehmen Sie den linken Weg zu einem Hof. Sie laufen dabei genau auf ein Gatter zu. Dieses umgehen Sie auf der linken Seite über einen Überstieg. Über die Wiese spazieren Sie zum ⌘ Dolmen des Monts Grantez ❺, einer Megalithanlage.

⌘ Dolmen des Monts Grantez

Der Dolmen wurde 1912 ausgegraben. Dabei fand man die Skelette von sechs Erwachsenen und einem Kind. Das Grab stammt aus dem Neolithikum (4000-3250 v. Chr.). Der Dolmen besteht aus einer Passage von großen, hochkant aufgestellten Granitblöcken, die in eine ovale Kammer führt. An der Nordseite gibt es eine kleine Seitenkammer. Beide Kammern besitzen heute noch ihren Deckstein.

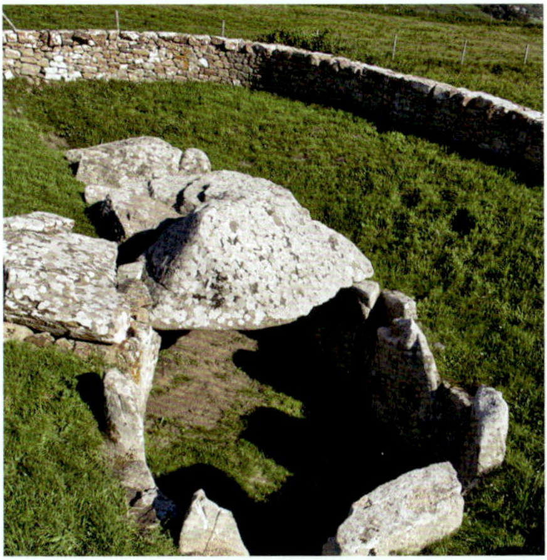

Der Dolmen Grantez

Sie gehen wieder zurück zum Gatter und folgen dem Weg nach links zu einer Wegteilung. Hier ist ebenfalls ein Gatter, das von der Wiese vom Dolmen herüberführt. Sie wandern noch kurz nach rechts zu einem P Parkplatz und gehen auf dem hier ansetzenden Weg links weiter, der bald ein Steig wird. Er bringt Sie zur Einzäunung des National Trust und verläuft sehr aussichtsreich über einen Wiesenrücken. Wunderbar ist der Blick zur St Ouen's Bay. Der Steig führt hinunter zu einem weiteren Pfad, auf dem Sie abwärts zur Straße gehen. Nun wandern Sie kurz nach rechts zur größeren Straße und auf dieser nach links zum P Parkplatz am Lewis Tower und dem ⌘ Channel Island Military Museum. Sie können auf einem Pfad noch hinübergehen zum Turm und zum Museum und von dort zur Strandmauer.

⌘ Channel Island Military Museum, La Grande Route Des Mielles, St Ouen, JE3 2FN, ☏ 00 44/77 97/73 20 72, tgl. 10:00-17:00

8 Vom Plémont Beach nach Grève de Lecq

Tour für Badefreunde

Die Wanderung verläuft zwischen zwei großartigen Sandstränden. Bei Ebbe bieten sich Plémont Beach und der Strand von Grève de Lecq für einen Sprung in die kalten Fluten des Ärmelkanals an. Der Abschnitt an der Nordküste ist sehr schön und bietet viel Abwechslung.

Start/Ziel: Parkplatz beim Plémont Beach, GPS N 49°15.360' W 002°13.633'

7,4 km

2 Std.

130 m/130 m

9-90 m

Keine Beschilderung, aber der Küstenpfad ist gut ausgetreten. Im Landesinnern sollten Sie sich an die Beschreibung halten.

teilweise schmale Wanderwege, aber auch ruhige Teerstraßen

Plémont Beach Café am Ausgangs- und Endpunkt, Einkehrmöglichkeiten in Grève de Lecq (km 3) sowie das Café Ouen am Weg (km 6,5)

Am Weg bieten sich immer wieder schöne Sitzmöglichkeiten und Bänke entlang der Küste.

Plémont Beach am Anfang und Ende der Wanderung, am Strand von Grève de Lecq (km 3)

Die Tour ist für Kinder ab 10 Jahren geeignet. Die Plémont Bay mit ihren kleinen Höhlen macht Kindern beim Entdecken Spaß. Auch der große Sandstrand von Grève de Lecq ist toll.

Die Wanderung ist für Hunde gut geeignet. Allerdings besteht vom 1. Mai bis zum 30. September von 10:30-18:00 Leinenpflicht an den Stränden.

Die Wanderung ist für Buggys nicht geeignet.

Parkplatz beim Plémont Beach

mit der Buslinie 8 zum Plémont Beach

Sie starten am P Parkplatz oberhalb der Plémont Bay und gehen zum unterhalb des Parkplatzes verlaufenden Küstenpfad. Dieser bringt Sie gleich wieder an eine Straße, der Sie kurz links folgen, aber bald wieder

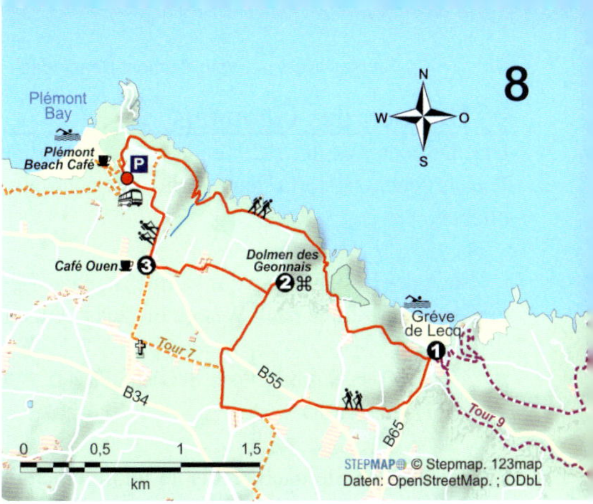

nach links verlassen. Sie kommen zum ehemaligen Castle Plémont. Hier auf der Halbinsel leben die letzten Papageitaucher Jerseys, daher stehen diese unter besonderem Schutz. Nun wandern Sie auf dem Küstenpfad hoch über dem Meer in Richtung Grève de Lecq. Sie kommen an ein Schild des National Trust. Diesen Abzweig ignorieren Sie und gehen auf dem Pfad geradeaus weiter. In stetem Auf und Ab wandern Sie an der Küste entlang. Immer wieder laden Bänke zum Verweilen ein. Nach dem Durchqueren eines Tälchens führt der Steig noch ein Stück an der Küste entlang und zieht dann nach rechts ins Landesinnere.

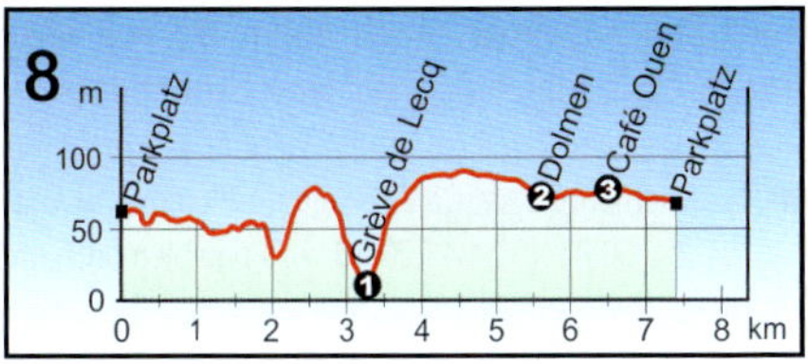

Sie erreichen eine Straße, auf der Sie geradeaus weitergehen. An der nächsten Querstraße gehen Sie nach links und folgen dieser leicht abwärts. Sie geht in einen Steig über, der Sie hinunter nach Grève de Lecq bringt ❶. Ein Abstecher zum Strand lohnt sich, auch wenn Sie nur die Sonne genießen und keinen Sprung in das kühle Nass unternehmen.

Anschließend folgen Sie der Straße am Hotel Prince of Wales vorbei, die bergauf führt. Bald zweigt nach rechts eine schmale Teerstraße ab. Diese bringt Sie durch ein bewaldetes Tal bergauf zu ein paar Häusern. Sie gehen immer geradeaus, bis Sie auf die Hauptstraße gelangen. Auf dieser spazieren Sie kurz ein Stück geradeaus weiter und biegen dann nach links ab. An der folgenden Querstraße gehen Sie nach rechts und bei der nächsten Abzweigung wieder nach rechts. Sie erreichen hier wieder die Hauptstraße, auf der Sie für ein paar Meter nach rechts abbiegen. Gleich aber gehen Sie nach links in die Rue des Geonnais. Am Ende der Straße befindet sich der ⌘ Dolmen des Geonnais ❷.

Dolmen des Geonnais

Der Dolmen wurde 1929 entdeckt und war zu dieser Zeit bereits im Wesentlichen zerstört. Heute sieht man noch ein paar Steine, die erhalten blieben.

Nach der Besichtigung des Dolmens gehen Sie ein Stück zurück und folgen dann der Straße nach Westen bis zur Kreuzung beim Café Ouen ❸.

Café Ouen, Rue de la Porte, St Ouen, JE3 2FD, ☏ 00 44/15 34/51 02 74, tgl. 9:30-16:30

Hier biegen Sie nach rechts ab und bleiben auf der Straße bis zum P Parkplatz beim Plémont Beach. Am Ende sollten Sie dem Strand (nur bei Ebbe begehbar) noch einen Besuch abstatten. Auch das Plémont Beach Café bietet sich für eine Einkehr an.

Plémont Beach Café, Route de Plémont, St Ouen, JE3 2BD, ☏ 00 44/15 34/48 20 05, paulplemont@gmail.com, tgl. 9:00-17:00

Tiefblick zum Plemont Beach

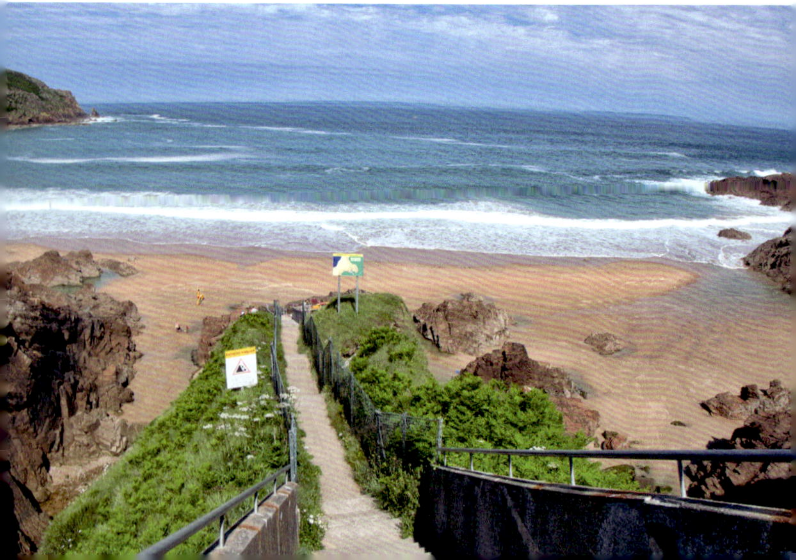

9 Vom Devil's Hole nach Grève de Lecq

Tour für Weinliebhaber

Die Wanderung beginnt beim sagenumwobenen Devil's Hole und führt zum breiten Strand von Grève de Lecq. Auf dem Rückweg wandern Sie am La Mare Wine Estate vorbei, dem einzigen Weingut auf Jersey. Eine Besichtigung lohnt sich auf alle Fälle.

Start/Ziel: Parkplatz am Priory Inn bei St Mary, GPS N 49°15.010' W 002°10.102'

9 km

2 Std. 45 Min.

140 m/140 m

8-102 m

Keine Beschilderung, aber der Küstenpfad ist gut ausgetreten. Im Landesinnern sollten Sie sich an die Beschreibung halten.

teilweise schmale Wanderwege, aber auch ruhige Teerstraßen

Priory Inn am Ausgangspunkt, Le Moulin de Lecq (km 5)

Am Weg bieten sich immer wieder schöne Sitzmöglichkeiten und Bänke entlang der Küste an.

am Strand von Grève de Lecq (km 4,9)

Die Tour ist für Kinder ab 10 Jahren geeignet. Der Sandstrand in Grève de Lecq macht Spaß.

Die Wanderung ist für Hunde gut geeignet. Allerdings besteht vom 1. Mai bis zum 30. September von 10:30-18:00 Leinenpflicht an den Stränden.

Die Wanderung ist für Buggys nicht geeignet.

Parkplatz beim Priory Inn

mit der Buslinie 7 zur Haltestelle „Devil's Hole"

Sie P parken am Priory Inn.

Priory Inn, La Grande Rue, St Mary, JE3 3BD, ☏ 00 44/15 34/48 53 07, www.randalls-jersey.co.uk/the-priory-inn/, priory@randalls.je, tgl. 11:00-23:00

Sie können zuerst einen Abstecher zum Devil's Hole mit der Aussichtsplattform unternehmen.

↳ Hierfür gehen Sie vom Parkplatz auf dem Weg in Richtung Meer. Sie passieren eine große Teufelsfigur und bekommen bald einen wunderbaren Ausblick auf die Küste. Der Weg biegt dann nach links ab und führt zur Aussichtsplattform. Anschließend gehen Sie wieder zurück zum Parkplatz.

Am Parkplatz steigen Sie in westlicher Richtung über die Stufen hinauf und folgen dem Steig, der bald eine private Straße überquert. Der Weg führt nach rechts bis zu den Klippen. Nach einem Einschnitt sehen Sie hinüber zur Aussichtsplattform am Devil's Hole. Sie wandern nun mit immer herrlichen Ausblicken am Küstenpfad entlang, bis der Pfad ins Landesinnere abbiegt. Sie kommen zur Crabbe Farm und müssen nun ein Schießgelände umgehen. Hierfür gehen Sie nach links zur Querstraße und wandern auf dieser nach rechts bis oberhalb von Grève de Lecq. Jetzt können Sie noch geradeaus einen kurzen Abstecher zu einem schönen Aussichtspunkt unternehmen. Hierfür gehen Sie an einer Linkskurve der Straße geradeaus und folgen dem Steig in

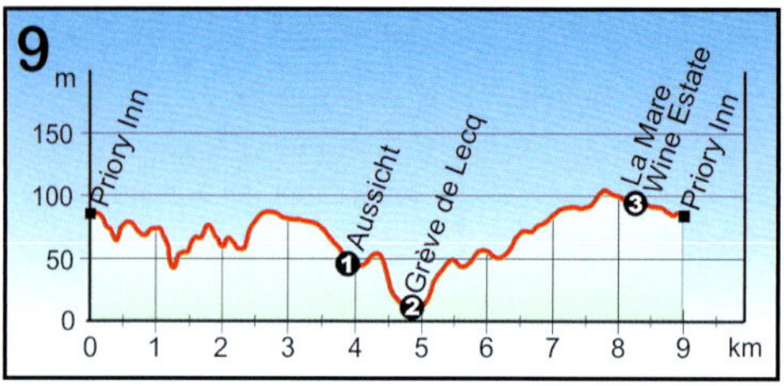

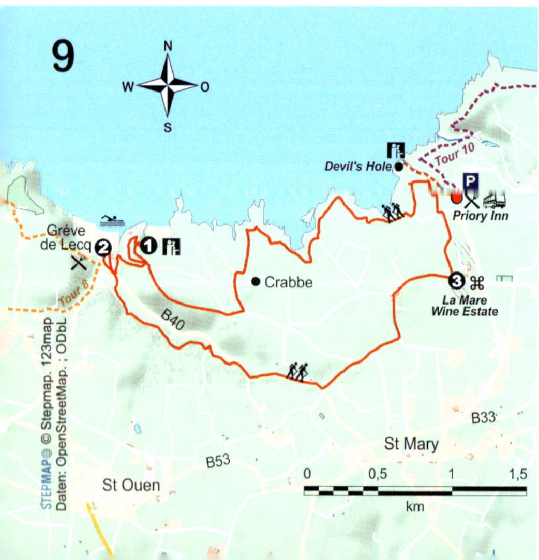

Richtung Meer. An einer Abzweigung gehen Sie noch ein Stück nach rechts aufwärts und genießen die wunderbare Aussicht ❶. Anschließend gehen Sie zurück zur Abzweigung. Hier können Sie nach rechts gehen und dann in einem Bogen wieder zurück zur Straße wandern.

Wieder zurück an der Straße gehen Sie auf dieser hinunter zu den ehemaligen Kasernengebäuden, die Sie besichtigen können, und dann nach rechts zum Strand Grève de Lecq ❷.

Anschließend wandern Sie auf der Straße zurück und zur ehemaligen Mühle ✕ Le Moulin de Lecq, in der sich ein Gasthaus befindet.

✕ Le Moulin de Lecq, Le Mont de La Grève de Lecq, St Ouen, JE3 2DT, ☏ 00 44/15 34/48 28 18, www.moulindelecq.co.uk, bookings@moulindelecq.co.uk, tgl. 11:00-23:00

Hinter dem Mühlenrad beginnt ein Steig, der nach links durch den Wald führt. Später bringt er Sie hinaus zur Straße. Auch wenn Steigspuren geradeaus ziehen, sollten Sie unbedingt zur Straße gehen, da die Steigspuren später in einer Sackgasse enden. Sie gehen auf der Straße von Grève de Lecq in Richtung St Mary. Bald erreichen Sie eine Kreuzung und biegen auf die *green lane* Le Charrière nach links ab. Dieser folgen Sie bis zur Rue de Pont und biegen später auf die Straße La Hogue Mauger nach links ab. Sie kommen zu einer Kreuzung, an der Sie nach rechts bis zum ⌘ La Mare Wine Estate gehen ❸, das Sie besichtigen können.

Das Mühlenrad der Moulin de Lecq – heute ein schönes Restaurant

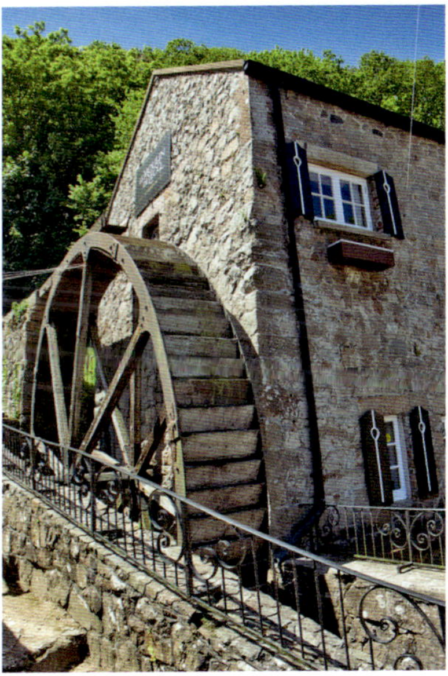

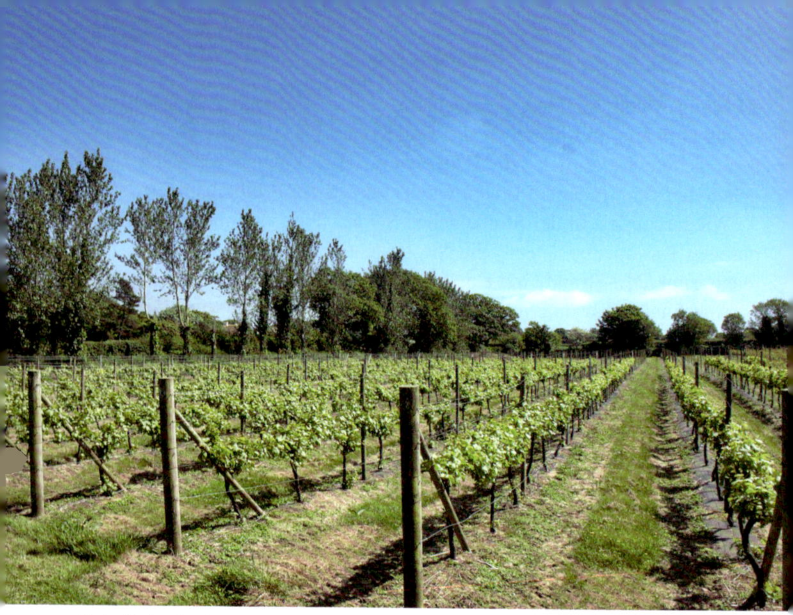

Rebstöcke im La Mare Wine Estate

⌘ La Mare Wine Estate, La Rue de la Hougue Mauger, St Mary, JE3 3BA, ☏ 00 44/15 34/48 11 78, 💻 www.lamarewineestate.com, 🚪 Mo-Sa 10:00-16:30, So 10:00-14:00, das milde Klima des Golfstroms und die vielen Sonnenstunden machen den Weinanbau möglich. Man erhält guten Wein und kann bei einer Führung das Weingut besichtigen. Im benachbarten Shop können Sie nicht nur den Wein kaufen, sondern noch andere Spezialitäten wie Cider, Schnaps oder *black butter*, ein Aufstrich, der aus Cider und Äpfeln zusammen mit Zucker und mit Lakritz und Gewürzen verfeinert zu einem dunklen Aufstrich eingekocht wird. Im Café, das ebenfalls Teil des Anwesens ist, können Sie einen leckeren *Jersey Cream Tea* genießen.

Vor dem Weingut führt eine schmale Straße nach links. Diese erreicht eine Querstraße. Hier gehen Sie kurz nach links und dann gleich wieder nach rechts, bis Sie den Küstenpfad erreichen. Auf diesem spazieren Sie nach rechts zum P Parkplatz beim Devil's Hole.

10 Vom Devil's Hole nach St John

Tour für Freunde des Nordens

Die Nordküste Jerseys gehört zu den eindrucksvollsten Abschnitten. Auf dieser kurzen Wanderung bietet sich die Möglichkeit, einen dieser Abschnitte ohne besondere Schwierigkeiten zu erkunden. Die Wanderung führt zum Sorel Point, dem nördlichsten Punkt Jerseys.

→ Start: Parkplatz am Priory Inn bei St Mary, GPS N 49°15.010' W 002°10.102';
Ziel: Ortsmitte von St John, GPS N 49°14.761' W 002°08.323'

5,8 km

2 Std.

↑ ↓ 108 m/91 m

⇧ 41-111 m

Keine Beschilderung, aber der Küstenpfad ist gut ausgetreten und einfach zu finden.

teilweise schmale Wanderwege, aber auch ruhige Teerstraßen

Priory Inn am Ausgangspunkt, Einkehrmöglichkeiten in St John am Ende

Am Weg bieten sich immer wieder schöne Sitzmöglichkeiten und Bänke entlang der Küste.

Die Tour ist für Kinder ab 8 Jahren geeignet. Die Wege sind nicht besonders schwer und gerade im ersten Teil abwechslungsreich. Auch die Schafe zu Beginn werden begeistern.

Die Wanderung ist für Hunde gut geeignet. Auf den Schafweiden sind die Hunde anzuleinen.

Die Wanderung ist für Buggys nicht geeignet.

P Parkplatz beim Priory Inn

Mit der Buslinie 5 oder 7 zur Haltestelle „Devil's Hole". Die Rückfahrt von St John erfolgt mit der Linie 7.

Vom P Parkplatz am Priory Inn bei St Mary sollten Sie zuerst unbedingt einen Abstecher zum Devil's Hole unternehmen. Hier befindet sich eine Aussichtsplattform über dem Meer und in der Höhle, die von oben nicht mehr zugänglich ist, rauscht es teuflisch.

Hierfür gehen Sie vom Parkplatz auf dem Weg in Richtung Meer. Sie passieren eine große Teufelsfigur und bekommen bald einen wunderbaren Ausblick auf die Küste. Der Weg biegt dann nach links ab und führt zur Aussichtsplattform. Anschließend gehen Sie wieder zurück zum Parkplatz.

Sie wandern auf dem bekannten Weg zurück zum Pub und nehmen nun den Weg, der zwischen Pub und Bushaltestelle über Stufen aufwärtsführt. Sie kommen auf eine kleine Straße und biegen gleich nach links auf einen Fußpfad ab. Dieser führt durch ein Gatter (Hunde anleinen) und über eine Wiese zu einem tollen Aussichtspunkt über dem Meer ❶.

Der Weg bringt Sie oberhalb des Meeres nach Osten in das Valle des Mouriers. Bereits auf diesem Abschnitt laden schöne Bänke immer wieder zum Rasten ein.

Sie wandern aus dem Tal heraus und folgen dem Küstenpfad in östlicher Richtung bis zu einer Motorcross-Strecke. Hier treffen Sie an einem Wegweiser auf ein Sträßchen, auf dem Sie nach links bis zum Leuchtturm beim Sorel Point ❷, dem nördlichsten Punkt Jerseys, wandern.

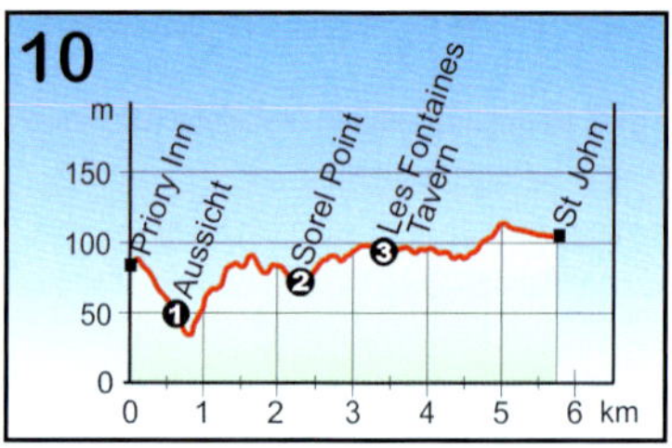

Östlich von hier befindet sich der Steinbruch Ronez, der leider nicht sehr schön anzuschauen ist. Sie wandern auf der Straße zurück zum Wegweiser an der Motorcross-Strecke und gehen geradeaus weiter bis zur Straße. Sie biegen nun nach links ab und wandern am Rand der Straße La Route de Nord zur Einfahrt in den Steinbruch. Sie gehen auf der Straße weiter zum Restaurant Les Fontaines Tavern ❸.

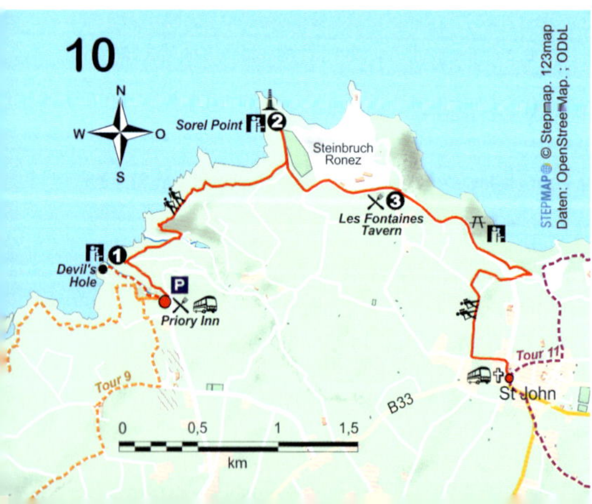

Les Fontaines Tavern, La Route du Nord, St John, JE3 4AJ, 00 44/15 34/86 27 07, www.randalls-jersey.co.uk/les-fontaines-tavern, lesfontaines@randalls.je, tgl. 11:00-23:00

Die Straße bringt Sie zu einem weiteren Parkplatz mit ein paar Bänken und einer schönen Aussicht. Anschließend gehen Sie auf der Straße noch kurz weiter, bis nach links ein schmaler Pfad abzweigt. Auf diesem wandern Sie zu einem Grillplatz, an dem Sie nach rechts zur Straße bei einem Steinkreuz gehen.

Auf der gegenüberliegenden Seite beginnt eine *green lane*. Dieser folgen Sie zu ein paar Häusern. Die Straße biegt nach links um und führt zu einer größeren Straße. Auf dieser gehen Sie nach links bis zu einer Querstraße. Sie biegen nach links ab und folgen der Straße bis nach St John. Hier gehen Sie auf dem Gehsteig nach rechts zur nahen Kirche in St John.

Mit dem Bus der Linie 7 – die Haltestelle befindet sich direkt bei der Kirche – fahren Sie zurück nach Devil's Hole.

Über eine Green Lane geht es nach St John zurück

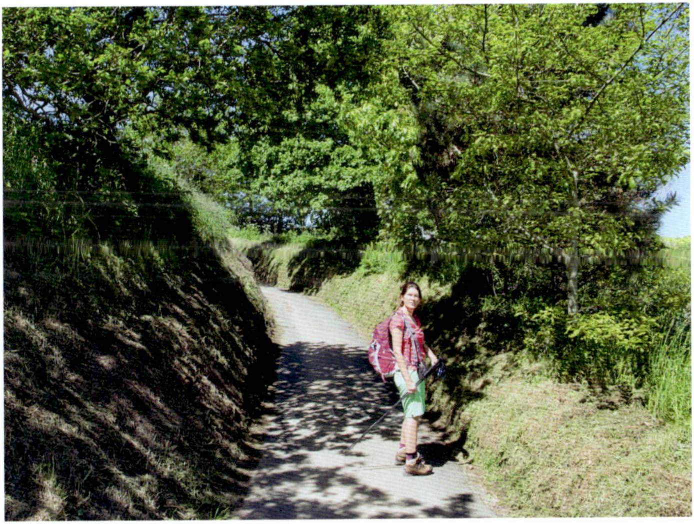

Beeindruckend - Auf St Catherine's Breakwater (Tour 16)

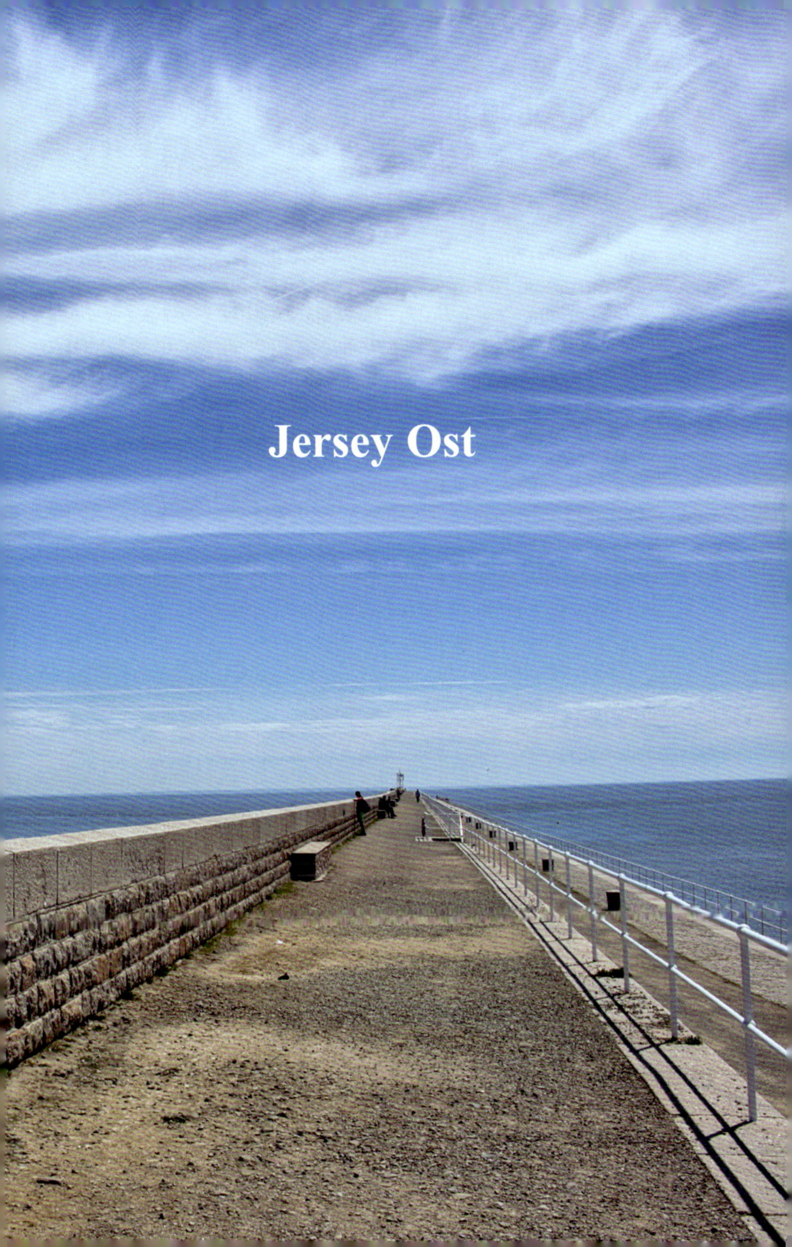
Jersey Ost

11 Von St John nach Bonne Nuit Bay

Tour für Träumer

Wenn man von oben auf die Bonne Nuit Bay blickt, könnte man meinen, man ist im Paradies. Man gerät regelrecht ins Träumen, so wunderschön ist der Blick hinunter in die Bucht. Tiefblaues Wasser, Sandstrand und die kleinen Boote, die im Wasser treiben. Ein schöner Abstecher ist noch der La Valette Walk mit grandioser Aussicht.

Start/Ziel: Ortsmitte von St John bei der Kirche, GPS N 49°14.761' W 002°08.323'

8,9 km

3 Std.

228 m/228 m

8-130 m

Keine Beschilderung, aber der Küstenpfad ist gut ausgetreten und einfach zu finden. Im Landesinnern sollten Sie sich an die Beschreibung halten.

Teilweise schmale Wanderwege, aber auch Teerstraße. Ein Abschnitt ist stärker befahren – hier Vorsicht.

Einkehrmöglichkeiten in St John am Ausgangspunkt und das Bonne Nuit Beach Café (km 8,9)

Am Weg bieten sich immer wieder schöne Sitzmöglichkeiten und Bänke entlang der Küste.

Die Tour ist nur für größere Kinder ab 12 Jahren geeignet. Durch den Höhenunterschied ist sie ziemlich anstrengend.

Die Wanderung ist für Hunde gut geeignet.

Die Wanderung ist für Buggys nicht geeignet.

P Parken in der Ortsmitte von St John

mit der Buslinie 5 oder 7 nach St John

Von der ✞ Kirche in St John wandern Sie zwischen Apotheke und Markt hindurch. An der folgenden Kreuzung gehen Sie geradeaus und biegen schließlich nach links in Richtung La Cocagne ab. Sie folgen der Straße, bis Sie auf die Küstenstraße treffen. Auf dieser gehen Sie kurz nach links, bis nach rechts ein Fußpfad abzweigt. Sie wandern links am eingezäunten Gelände vorbei. Der Weg bringt Sie bergab, bis Sie ein Schild nach rechts schickt. Der Weg verläuft nun sehr aussichtsreich auf gleicher Höhe unterhalb einer Sendestation nach Osten. Immer wieder laden Bänke zu einer kurzen Rast ein.

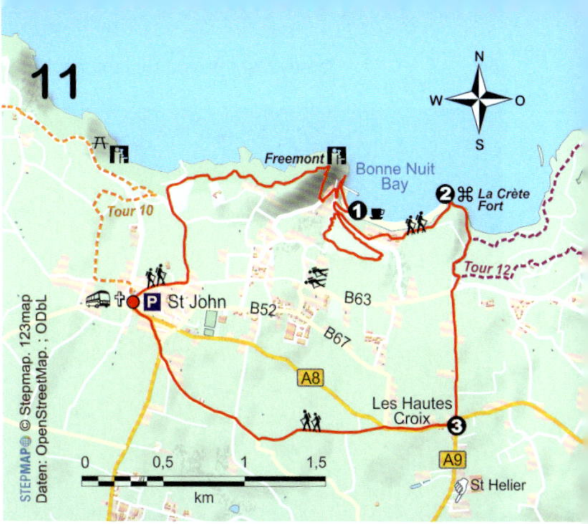

Sie erreichen den Aussichtspunkt Freemont, von dem Sie wunderbar zum Hafen von Bonne Nuit blicken können. Über Stufen steigen Sie steil hinunter zur Straße, die zum Hafen führt. Nach einer Rechtskurve kommen Sie an eine Wegverzweigung und gehen nach links zum wunderschön gelegenen Strand mit Hafen ❶. Das Bonne Nuit Beach Café lädt zu einer gemütlichen Einkehr ein. Neben der traumhaften Lage gibt es hier leckere thailändische Küche.

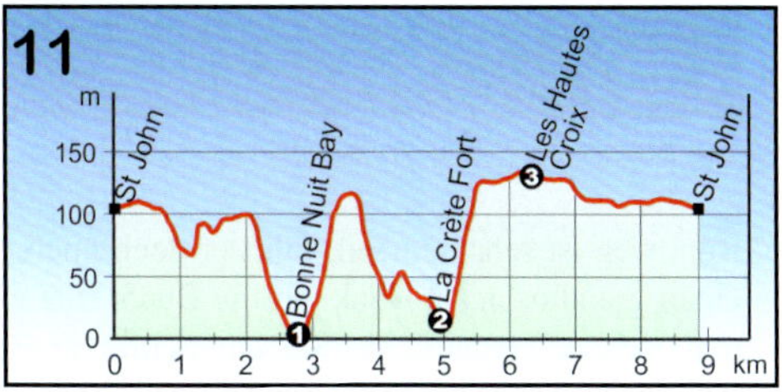

Bonne Nuit Beach Café, Les Charrières de Bonne Nuit, St John, JE3 4DD,
☏ 00 44/15 34/86 16 56, www.bonnenuitbeachcafe.co.uk,
bonnenuitbeachcafe@gmail.com, tgl. 8:30-21.00

Bei Ebbe können Sie ein Stück am Strand entlangspazieren und über Treppenstufen ein paar schön platzierte Bänke erreichen. Nach rechts wandern Sie wieder hinauf zur Straßenkreuzung, die Sie vom Café auch über den Hinweg ein Stück zurück erreichen können. Sie gehen auf der Straße in Richtung Bouley Bay bis zu einer Bushaltestelle.

Auf der gegenüberliegenden Straßenseite sehen Sie ein Schild des National Trust mit der Aufschrift „La Valette Walk". Dieser schöne

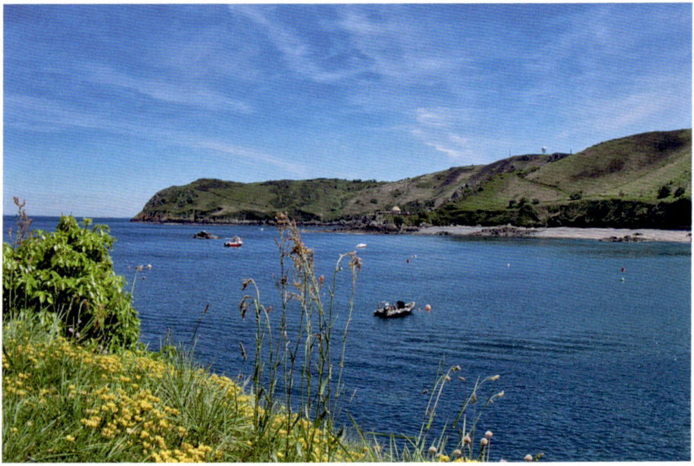

Die Bucht von Bonne Nuit Bay

Rundweg ist sehr lohnend, führt er doch hoch über die Häuser und bietet einen grandiosen Blick auf die Bucht. Sie erreichen wieder die Straße und steigen bergauf, bis Sie ein Schild in Richtung Küste nach links schickt. Sie gehen an einem schönen Anwesen vorbei und folgen der schmalen Straße bis zu einem Stein. Hier nehmen Sie den „*lower path*", der zum ⌘ La Crète Fort ❷ führt. Das Fort gehört der Organisation Jersey Heritage und kann auch für Übernachtungen gebucht werden.

Sie wandern noch kurz an der Küste entlang, dann steigt der Steig über viele Treppen steil bergauf zu einem P Parkplatz. Sie gehen über den Parkplatz und folgen der Straße in Richtung St Helier in südlicher Richtung. Sie kommen zum Ort Les Hautes Croix ❸. An der Kreuzung befindet sich ein Supermarkt. Hier biegen Sie nach rechts ab und wandern auf der stark befahrenen Straße La Rue Militaire nach Westen. An der Stelle, an der die Straße eine Kurve nach rechts macht, gehen Sie auf einer schmaleren Straße geradeaus. Sie passieren einen Pferdehof und treffen auf eine weitere Straße. Auf dieser gehen Sie nach rechts. Sie ignorieren sämtliche abzweigenden *green lanes* und erreichen bald die ersten Häuser von St John. Entlang der Straße spazieren Sie in den Ort hinein, biegen an der Hauptstraße nach links ab und gehen an einer Kreuzung nach rechts zurück zur Kirche.

12 An der Küste zwischen Bouley Bay und Bonne Nuit Bay

Tour für Naturliebhaber

Zwischen Bouley Bay und Bonnie Nuit Bay wandern Sie die ganze Zeit in der Natur. Kein Ort und keine Straße trüben die Landschaft. Hier können Sie einfach Natur pur genießen. Am Rückweg kommen Sie dann noch an einem kleinen Steinkreis vorbei, der plötzlich vor Ihnen auftaucht.

- Start/Ziel: Parish Hall von Trinity, GPS N 49°14.117' W 002°05.486'
- 9,6 km
- 3 Std. 15 Min.
- 302 m/302 m
- 9-133 m
- Keine Beschilderung, aber der Küstenpfad ist gut ausgetreten und einfach zu finden. Im Landesinnern sollten Sie sich an die Beschreibung halten.

Aussichtsreich gelegene Bank hoch über Bouley Bay

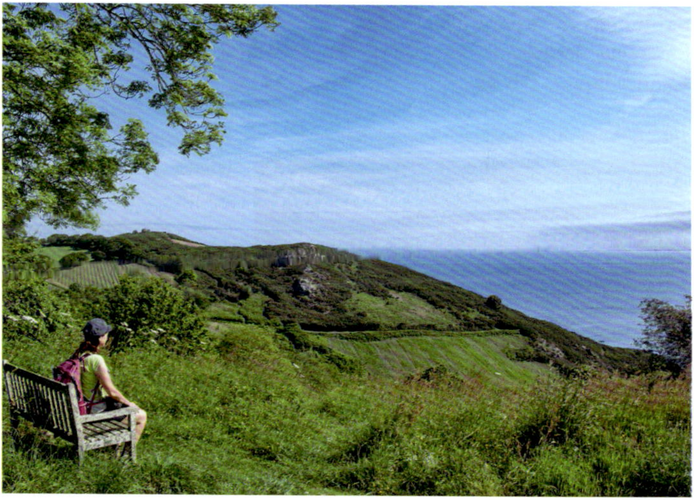

schmale Wanderwege, die beim Abstieg etwas Trittsicherheit erfordern, Rückweg teilweise auf ruhigen Straßen

Einkehrmöglichkeiten in Trinity

Im letzten Abschnitt an der Küste bieten sich immer wieder schöne Sitzmöglichkeiten und Bänke.

Die Tour ist nur für größere Kinder ab 12 Jahren geeignet. Durch den Höhenunterschied ist sie ziemlich anstrengend. Die Wanderung ist allerdings sehr abwechslungsreich.

Die Wanderung ist für Hunde gut geeignet.

Die Wanderung ist für Buggys nicht geeignet.

P Parken an der Parish Hall von Trinity

mit der Buslinie 4 oder 4a nach Trinity

Sie parken an der P Parish Hall in Trinity und gehen in nördlicher Richtung zu einer Kreuzung. Hier nehmen Sie die erste Straße nach rechts, bis Sie auf der linken Seite einen P Parkplatz sehen. Hier beginnt ein Pfad, der zuerst durch den Wald, dann mit schönen Ausblicken zum Meer bergab führt. Der Steig überquert die Straße und trifft an einer Linkskurve wieder auf sie. Hier nehmen Sie den deutlichen Weg nach rechts.

An einer Wegverzweigung gehen Sie nach links durch den Wald bergab. Sie treffen auf eine weitere Verzweigung und spazieren nach links zur Straße bei der Bouley Bay. Auf dieser gehen Sie nach rechts zum Strand von der Bouley Bay ❶.

Hier geht es hinunter nach Bouley Bay

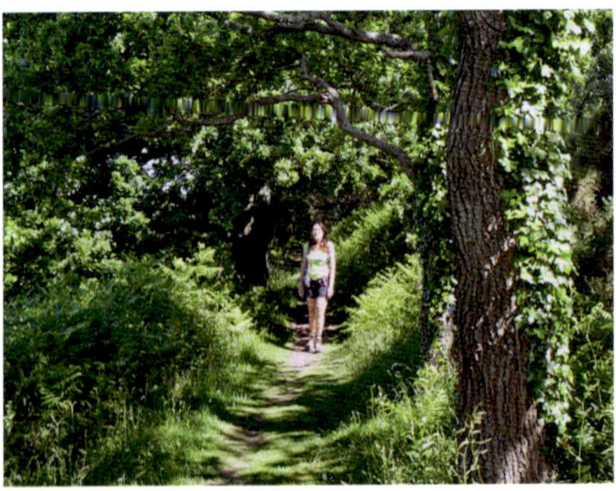

Nach dem Abstecher zum Strand gehen Sie wieder ein Stück auf der Straße zurück, bis der *footpath* nach rechts abzweigt. Am Weg steigen Sie steil bergauf. Er verbreitert sich bald und führt ins Landesinnere. Achten Sie dabei auf die Abzweigung des Pfades, der plötzlich nach rechts über Stufen emporzieht. Der Weg bringt Sie an

Feldern vorbei, bis Sie hoch über dem Meer stehen. Ein paar Meter nach rechts haben Sie noch einen besseren Ausblick auf die Bucht.

Nun wandern Sie die ganze Zeit mit großartiger Aussicht auf das Meer in Richtung Bonne Nuit. Vor einem Waldstück teilt sich der Weg. Sie bleiben auf dem Hauptweg, der Sie hinunter zu einem breiten Weg bringt. Ein Wegweiser schickt Sie auf dem Weg nach rechts zu einem kleinen Cottage am Meer.

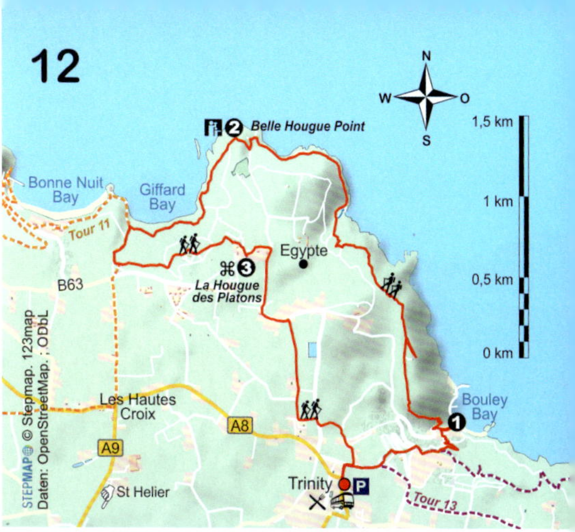

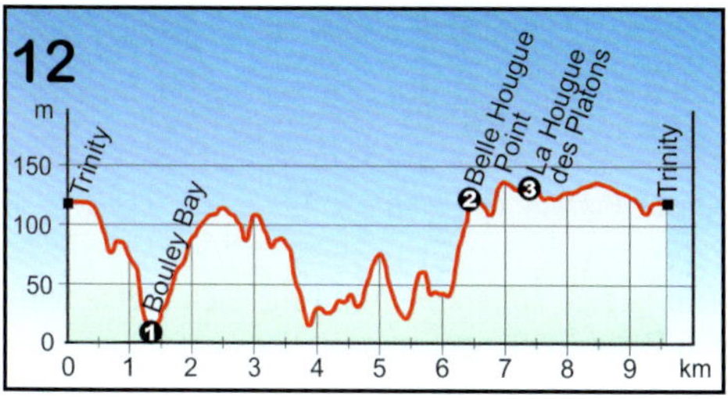

Von hier zieht der Steig wieder über freies Gelände bergauf. Der Weg verläuft oberhalb einer Bucht und bringt Sie mit einigen Stufen bergauf zum Belle Hougue Point ❷. Sie genießen eine wunderbare Aussicht auf die Bonne Nuit Bay. Dann wandern Sie auf dem Weg weiter bis zu einer Weggabelung. Hier nehmen Sie den *lower path*, der oberhalb des Strandes zu einem kleinen Wäldchen führt. Jetzt treffen Sie auf den Weg, der von der Bonne Nuit Bay herüberkommt. Nun gehen Sie nach links bergauf und erreichen mit Hilfe von vielen Stufen den **P** Parkplatz Les Platons.

Am Parkplatz nehmen Sie nun den *upper path* nach links. Auf diesem gehen Sie auf die Radarstation zu. Der Pfad biegt bald nach links ab – hier führt ein schmalerer Steig geradeaus. Diesem folgen Sie steil bergauf bis zur Radarstation. Sie gehen an der Station vorbei und wandern auf dem Weg durch die Ginsterfelder in Richtung der sichtbaren Häuser. Der Steig wird bald wieder schmaler und führt kurz in Richtung Meer. Sie biegen

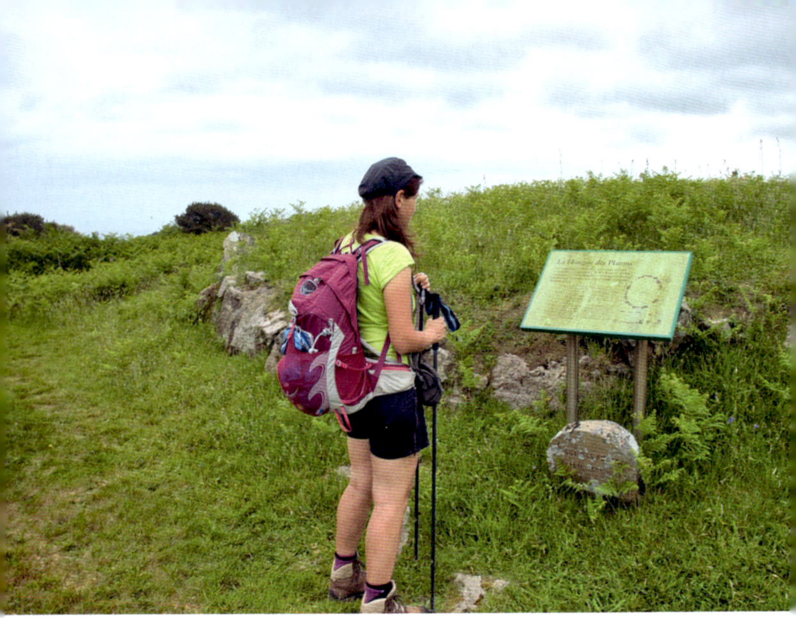

Am La Hougue des Platons

dann gleich am ersten Abzweig nach rechts und betreten die Wiese unter den Häusern. Sie gehen nach links auf schwachen Steigspuren, bis Sie eine deutlichere Spur erreichen. Nun gehen Sie geradeaus zu ⌘ La Hougue des Platons ❸, einem alten Steinkreis, der 1914 entdeckt wurde. Jetzt wandern Sie auf dem Steig nach links bis zu ein paar Häusern. Sie erreichen eine Straße, auf der Sie nach rechts bis zur Rue des Platons gehen. Dieser folgen Sie durch die Kurve nach links. An der ersten Straße (Rue de Cambrei) biegen Sie nach rechts ab und spazieren auf dieser ruhigen Straße nach Süden, bis diese nach links zu einer größeren Straße führt. Auf dieser Straße gehen Sie kurz nach rechts in Richtung Trinity, biegen gleich aber wieder nach links ab. Sie folgen der Straße, bis Sie eine Querstraße erreichen. Auf dieser gehen Sie kurz nach rechts und gleich wieder nach links zurück zum P Parkplatz in Trinity.

13 An der Küste zwischen der Bouley Bay und Rozel

Tour für Romantiker

Der Hafen von Rozel ist wirklich ein romantischer Ort mit seinen kleinen Häusern. Am Hafen findet sich mit The Hungry Man auch ein Imbissstand, der auf ganz Jersey bekannt und beliebt ist. Sehr schön ist auch die Picknickmöglichkeit am Dolmen Le Couperon.

- Start/Ziel: Parish Hall von Trinity, GPS N 49°14.117' W 002°05.486'
- 14,1 km
- 4 Std. 15 Min.
- 281 m/281 m
- 6-116 m
- Keine Beschilderung, aber der Küstenpfad ist gut ausgetreten und einfach zu finden. Im Landesinnern sollten Sie sich an die Beschreibung halten.
- schmale Wanderwege, teilweise etwas Trittsicherheit erforderlich, Rückweg teilweise auf ruhigen Straßen
- Einkehrmöglichkeiten in Trinity sowie unterwegs The Hungry Man an der Rozel Bay (km 6,3)
- Im Abschnitt an der Küste bieten sich immer wieder schöne Sitzmöglichkeiten und Bänke.
- Die Tour ist nur für größere Kinder ab 12 Jahren geeignet. Durch den Höhenunterschied und die Länge ist sie ziemlich anstrengend. Der auf der Tour mögliche Zoobesuch dagegen ist sehr interessant.
- Die Wanderung ist für Hunde gut geeignet.
- Die Wanderung ist für Buggys nicht geeignet.
- Parken an der Parish Hall von Trinity
- mit der Buslinie 4 oder 4a nach Trinity

Sie parken an der P Parish Hall in Trinity und gehen in nördlicher Richtung zu einer Kreuzung. Hier nehmen Sie die erste Straße nach rechts, bis Sie auf der linken Seite einen weiteren P Parkplatz sehen. Hier beginnt ein Pfad, der zuerst durch den Wald, dann mit schönen Ausblicken zum Meer bergab führt. Der Steig überquert die Straße und trifft an einer Linkskurve wieder auf sie. Hier nehmen Sie den deutlichen Weg nach rechts. An einer Wegverzweigung gehen Sie geradeaus weiter. Der Steig führt durch den Wald bergauf zu freiem Gelände. Sie folgen nun einem schönen, aussichtsreichen Steig hoch über der Bucht. Einige Bänke laden auch zum Verweilen ein. Der Steig bringt Sie nach links abwärts und trifft auf den Küstenpfad, der von der Bouley Bay herüberkommt ❶. Auf diesem wandern Sie rechts zu einem Graben und steigen aus ihm wieder steil bergauf. Sie erreichen ein privates Anwesen, an dem Sie vorbeigehen. Wenig später zweigt nach links ein Steig ab. Hier geht es zu einem alten Fort. Sie gehen aber geradeaus weiter und wandern auf dem aussichtsreichen Küstenpfad in Richtung Rozel Bay. Kurz vor einem P Parkplatz sehen Sie eine Halbinsel mit einem weißen Felsen. Wenn Sie möchten, können Sie noch ein Stück in Richtung des Felsens gehen. Ansonsten gehen Sie zum zweiten nahen Parkplatz ❷ und weiter auf der Straße in Richtung Rozel Bay. Diese führt zuerst nach rechts, dann nach links zu ein paar Häusern. Hier erreichen Sie eine größere Straße, auf der Sie nach links gehen. Sie folgen der Straße hinunter zum Hafen ❸ mit der Einkehrmöglichkeit im Hungry Man. Dabei handelt es sich um einen Kiosk, der sehr beliebt ist.

Der Kiosk The Hungry Man in Rozel

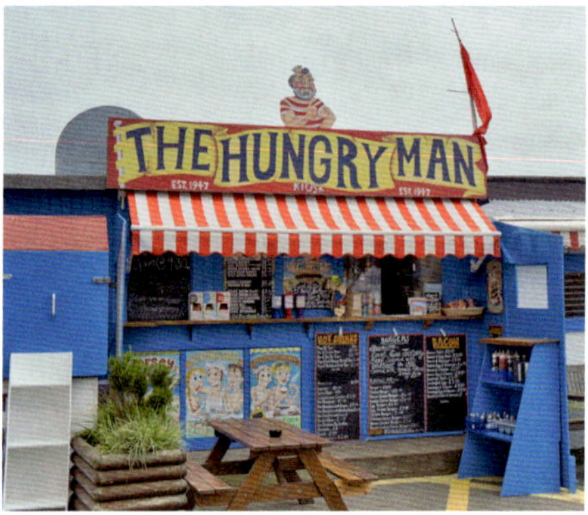

The Hungry Man, Havre de Rozel, St Martin JE3 5BN, ☏ 00 44/15 34/86 32 27, www.jersey.com/hungry-man, 9:30-17:00

Nach der Pause am romantischen Hafen von Rozel gehen Sie zurück bis zur Straßenkreuzung, biegen hier nach links ab und folgen der B38 durch den Ort. Diese bringt Sie anschließend aus dem Ort hinaus. Nach einer Rechtskurve biegt nach links ein Fußweg (nach Scez) ab. Dieser bringt Sie durch ein Tälchen. Nach einem kurzen Anstieg stehen Sie am ⌘ Dolmen Le Couperon ❹.

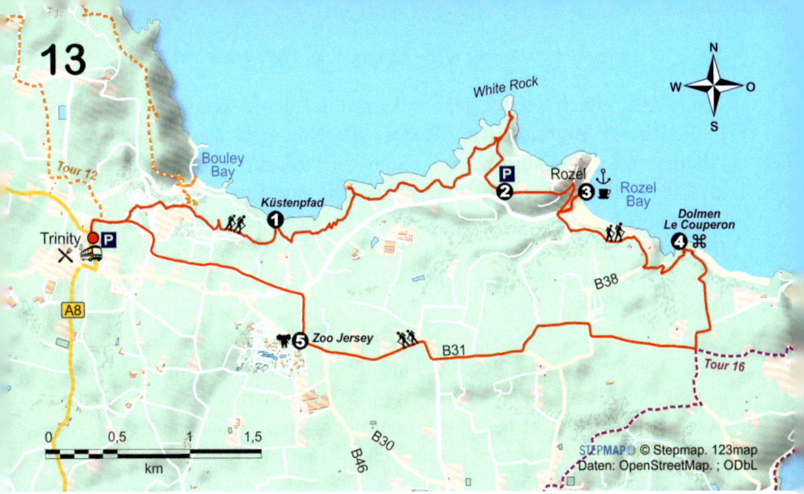

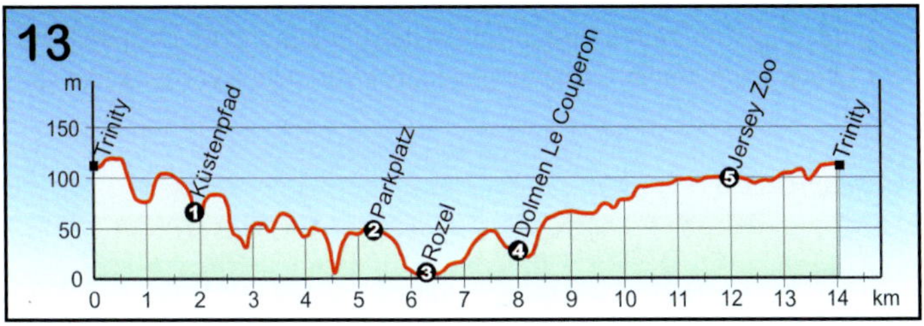

⌘ Le Couperon du Rozel

Die Anlage wurde zwischen 3250 und 2250 v. Chr. errichtet. Die 8 m lange, von einem großen Stein bedeckte Kammer ist umgeben von einem Ring aus 18 Randsteinen. 1868 fand die erste Ausgrabung statt. Dabei fiel auf, dass die Decksteine in die Kammer gefallen waren. Diese Steine wurden im Zuge der Restaurierung gehoben und wieder als Decksteine eingebaut. 2016 wurde der Dolmen beschädigt, als bei einem Sturm eine benachbarte Kiefer umstürzte und den westlichen Deckstein zerbrach.

Von hier können Sie noch zum Strand runtergehen. Ansonsten spazieren Sie vom **P** Parkplatz auf der Straße bergauf und folgen dieser bis zu einer Kreuzung. Hier biegen Sie nach rechts ab und laufen entlang der Rue des Pelles. An der folgenden Kreuzung gehen Sie nach rechts zum Campingplatz und biegen gleich wieder nach links in die Rue de Caen ab. Diese führt in die Rue de Moulin und zur Rozel Mill. Nun erreichen Sie die Rue des Alleurs und gehen auf ihr nach rechts. Sie folgen ihr, bis sie in die Rue du Clos Fallu übergeht. Die Straße macht eine Rechtskurve und wenig später eine Linkskurve. Sie treffen auf die stark befahrene Straße La Profonde Rue. Sie wandern rechts entlang der Straße am Rand eines Feldes bis kurz vor den Zoo von Jersey ❺. Dem Zoo können Sie einen Besuch abstatten.

Der Zoo ist vor allem berühmt für seine vielen Lemurenarten, aber auch für seine großzügigen Anlagen für Menschenaffen. Das Hauptziel des Zoos ist die Aufzucht besonders bedrohter Arten. Spannend ist das Aye-Aye-Haus. Das Fingertier ist nachtaktiv und eigentlich im Dschungel Madagaskars zu Hause.

Der Zoo wurde von Gerard Durrell gegründet, der sich auch um die Auswilderung von Tieren in die freie Wildbahn kümmerte. Er starb 1995. Sein Leben ist in einem Gebäude gegenüber von dem Aye-Aye-Haus dargestellt.

Markierungsstein

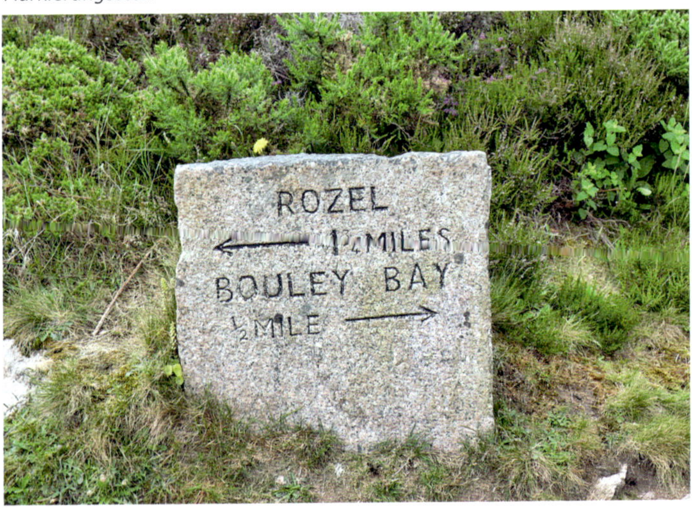

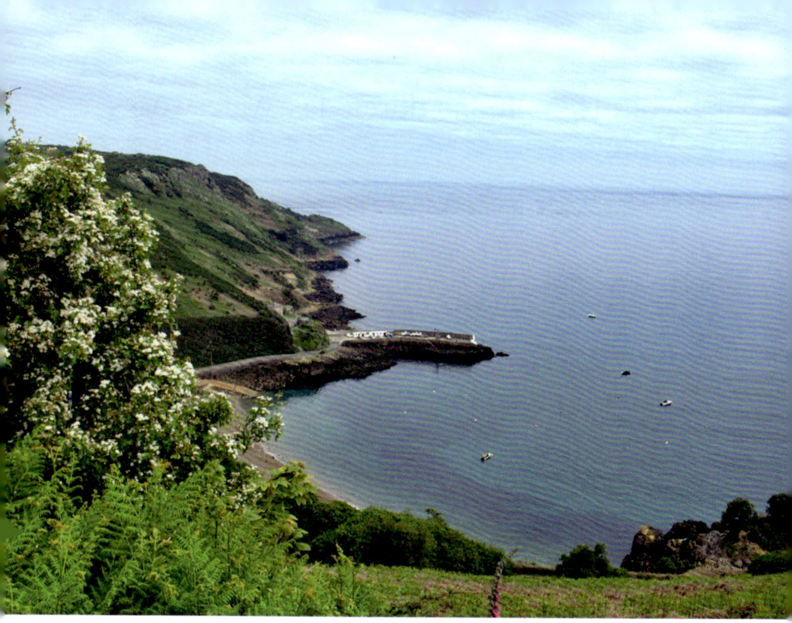

Tiefblick auf Bouley Bay

♦ Jersey Zoo, La Profonde Rue, Trinity, JE3 5BP, ☏ 00 44/15 34/86 00 00, 💻 www.durrell.org, tgl. 9:30-18:00, Eintritt: Erwachsene £ 16,50, Kinder bis 16 Jahre £ 12, Senioren £ 14,50

Schließlich wandern Sie weiter und gehen auf der deutlich ruhigeren Rue du Pont du Rocher nach Norden. An der ersten Kreuzung biegen Sie nach links ab und folgen dann der nach rechts abzweigenden Rue des Bouillons. Bei den ersten Häusern von Trinity gehen Sie nach rechts auf die Route du Boulay. Diese verlassen Sie gleich wieder nach links und treffen auf den P Parkplatz, an dem Sie am Hinweg in Richtung Bouley Bay abgebogen sind. Sie gehen auf dem bekannten Weg zurück zur Trinity Parish Hall.

14 Vom Hamptonne durch das Waterworks Valley

Tour für Botaniker

Hamptonne ist ein Freilichtmuseum, das Gebäude aus verschiedenen Jahrhunderten beherbergt. Von hier wandern Sie zum Center Stone, dem Mittelpunkt der Insel. Das vegetationsreiche Fern Valley und das Waterworks Valley mit Jerseys Süßwasserseen bilden den Rückweg.

- Start/Ziel: Freilichtmuseum Hamptonne, GPS N 49°13.491' W 002°08.166'
- 10,4 km
- 2 Std. 45 Min.
- 91 m/91 m
- 34-110 m
- Nicht ausgeschildert, daher sollten Sie gut auf die Beschreibung achten.
- schmale Wanderwege und ruhige Straßen
- Einkehrmöglichkeiten im Farm Shop (km 4) und im Union Inn (km 4,4)
- Sitzmöglichkeiten im Fern Valley (km 6,1)
- Die Tour ist für Kinder ab 10 Jahren geeignet. Das Freilichtmuseum am Beginn der Wanderung lohnt einen Besuch. Der Weg im Fern Valley wirkt ein wenig abenteuerlich.
- Die Wanderung ist für Hunde gut geeignet, teilweise müssen sie aber angeleint werden.
- Die Wanderung ist für Buggys nicht geeignet.
- Parken am Hamptonne Freilichtmuseum
- mit der Buslinie 7 zum Hamptonne

Vom P Parkplatz gehen Sie zum Eingang des ⌘ Freilichtmuseums Hamptonne und weiter auf der Straße geradeaus bis zu einer T-Kreuzung.

⌘ Hier im Museum können Sie die Geschichte des ländlichen Lebens auf Jersey erleben. Die Ursprünge der Gebäude gehen auf das 15. Jahrhundert zurück. Weitere Gebäude auf dem Gelände stammen aus dem Jahre 1640 sowie aus dem 19. Jahrhundert. Um die Gebäude befinden sich Ställe, die Pferde und Esel beherbergen. Auf dem Gelände gibt es zudem einen Spielplatz und ein Cottage für Übernachtungen von Jersey Heritage.

♦ Hamptonne Country Life Museum, La Rue de la Patente, St Lawrence, JE3 1HS, ☏ 00 44/15 34/63 33 00, 💻 www.jerseyheritage.org/places-to-visit/hamptonne-country-life-museum, 🚪 Ende März bis Ende Sep tgl. 10:00-17:00, Eintritt: Erwachsene £ 9,25, Kinder £ 5,95, Familien £ 27,35, Senioren über 65 Jahren £ 8,25

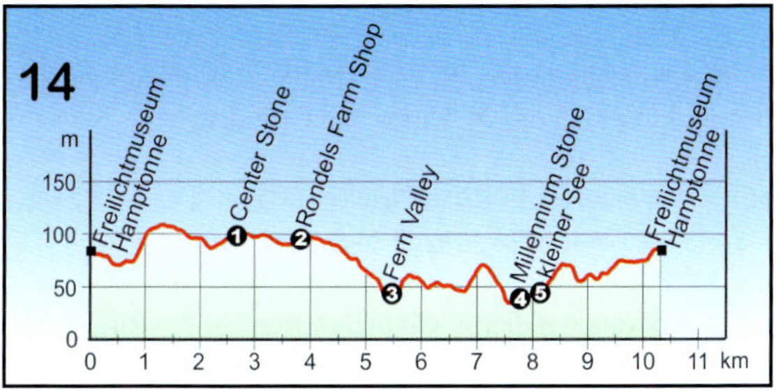

Hier biegen Sie nach links ab und folgen der Straße, bis nach links ein Steig abzweigt. Dieser Steig führt durch einen schönen Wald zu einer weiteren Straße. Hier biegen Sie nach rechts ab und wandern auf der Straße Mont Gavey bergauf. An der nächsten Kreuzung gehen Sie kurz nach rechts und nehmen dann die Rue des Saints Germains nach links. Diese geht in die Rue des Servais über und bringt Sie zum Center Stone ❶, dem Mittelpunkt der Insel.

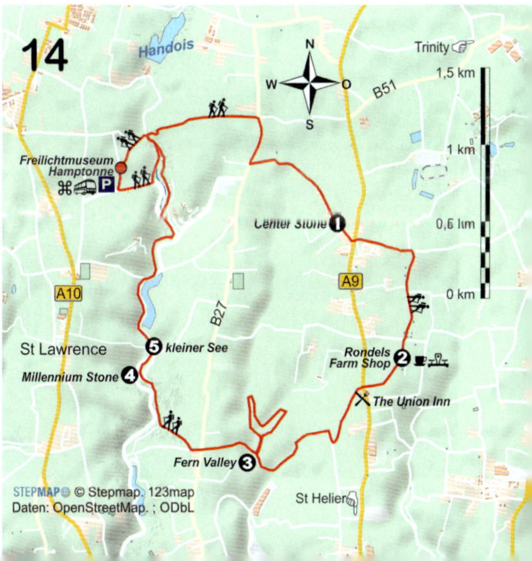

Sie kommen an eine stark befahrene Straße, die Sie nach schräg links überqueren. Die Rue des Houguettes führt gegenüber am Friedhof vorbei nach Osten. Sie biegen an der nächsten Kreuzung nach rechts auf die Rue du Douet ab. Die Straße geht geradeaus in die nächste Straße, die Rue de Haut de l'Orme, über. Hier treffen Sie auf einen Farm Shop mit einem Café ❷.

Rondels Farm Shop, Rue de Haut de l'Orme, Trinity, JE3 5FG,
☏ 00 44/15 34/86 35 66, Mo-Sa 8:00-18:30, So 8:00-17:00

Anschließend folgen Sie der Straße zu einer stark befahrenen Straße, an dessen Ecke sich das Union Inn befindet.

The Union Inn, La Grande Route de St Jean, St Helier, JE2 3FL,
☏ 00 44/15 34/86 46 92, So-Sa 11:00-23:00

Sie überqueren die Straße und treffen auf die Rue de Maupertuis. Diese führt zu einer Querstraße. Auf dieser gehen Sie nach rechts und folgen ihr gleich nach links ins Fern Valley ❸. Hier können Sie eine schöne Runde durch das Gelände des National Trust unternehmen. Machen Sie die Runde rechtsherum. Der Weg führt durch eine märchenhafte Botanik.

Das Freilichtmuseum Hamptonne

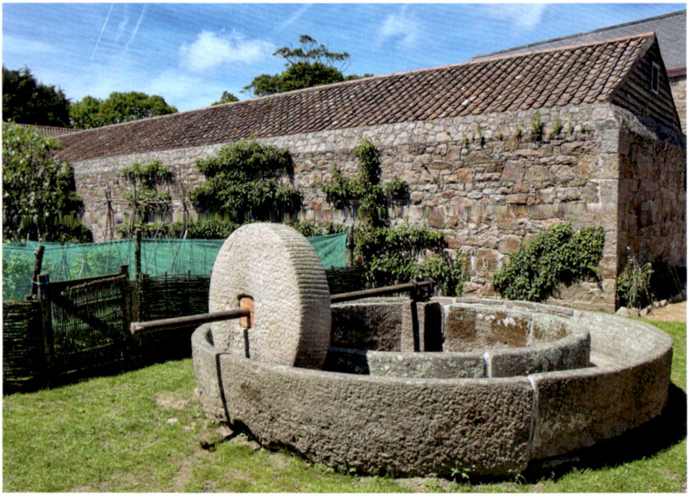

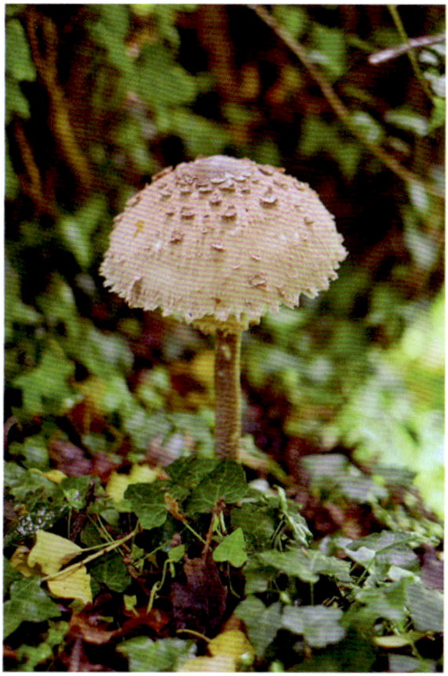

Parasolpilz im Fern Valley

Danach kommen Sie an eine Wegverzweigung. Hier nehmen Sie den rechten Weg, der etwas erhöht über dem Tal entlangführt. Am Eingang des Tales wandern Sie auf der Straße nach rechts aufwärts zu einer Kreuzung. Hier gehen Sie geradeaus über die Straße und folgen dieser noch ein paar Meter, bis nach rechts ein Weg abzweigt. Dieser bringt Sie hinunter in ein Tal. Dort treffen Sie auf einen Steig, der von links kommt. Sie wandern nun durch das Tal und gelangen zu einer schönen Wiese mit einem Millennium Stone ❹. Sie gehen noch ein Stück auf dem Weg, der rechts der Straße verläuft, bis Sie auf diese treffen. Gegenüber beginnt ein Steig, der durch das feuchte Tal führt. Der Weg steigt am Ende des Tales steil bergauf und verläuft hoch über der Straße und dem Stausee nach Norden. Am Ende des Stausees geht es wieder bergab. Hier wandern Sie nach rechts zur Straße und folgen dieser kurz nach links am See entlang. Bald beginnt ein Steig, der Sie nach links zu einem weiteren kleinen See mitnimmt ❺. Sie wandern an diesem vorbei und weiter durch den Wald, bis Sie wieder auf die Straße kommen. Sie folgen einem kleinen Weg nach links an der Straße entlang, die Sie bald nach rechts überqueren. Nun gehen Sie auf der rechten Seite der Straße auf einem Weg bergauf, bis Sie auf dem Steig vom Beginn der Tour treffen. Nun spazieren Sie ein Stück auf den vom Anfang der Tour bekannten Weg, biegen dann nach links ab und gehen zurück zum ⌘ Freilichtmuseum und dem P Parkplatz.

⑮ La Hougue Bie und Queen's Valley

Tour für Archäologen

Die Wanderung führt bei La Hougue Bie, einer der bedeutendsten Sehenswürdigkeiten auf Jersey, vorbei. Eindrucksvoll ist diese historische Anlage. Zu Beginn wandern Sie durch das beschauliche Queen's Valley und genießen hier die Natur. Auf dem Rückweg besuchen Sie dann La Hougue Bie mit seinem Museum.

- Start/Ziel: Parkplatz am See beim Queen's Valley, GPS N 49°12.109' W 002°02.461'
- 6,8 km
- 1 Std. 45 Min.
- 82 m/82 m
- 21-90 m
- Nicht ausgeschildert, aber gut zu finden. Sie sollten trotzdem auf die Beschreibung achten.
- breite Wanderwege und schmale Straßen

Der Stausee im Queens Valley

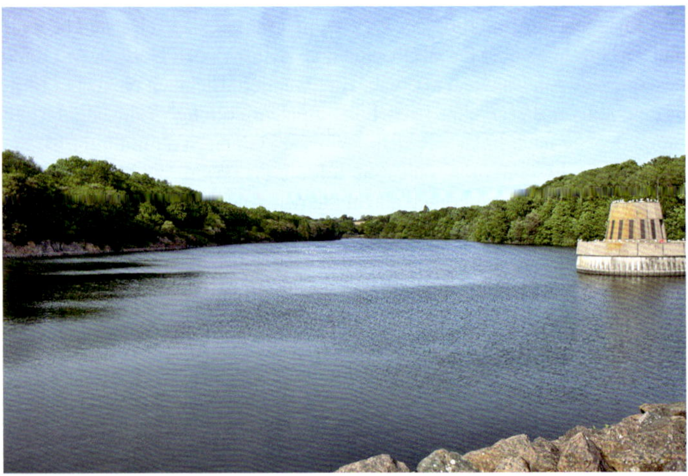

- unterwegs keine Einkehrmöglichkeiten
- Sitzmöglichkeiten im Queen's Valley zu Beginn der Tour
- Die Tour geht mit Kindern, ist aber gerade durch den Asphaltbelag nicht so spannend. Zudem sind manche Straßen stärker befahren.
- Die Wanderung ist für Hunde geeignet. Im Queen's Valley und auf den viel befahrenen Straßen sind sie anzuleinen.
- Am See im Queen's Valley gibt es einen Rundweg, der mit dem Buggy befahren werden kann.
- P Parken im Queen's Valley beim See zwischen Gorey und La Hougue Bie
- Mit der Buslinie 13 oder 21 zur Haltestelle Queen's Valley

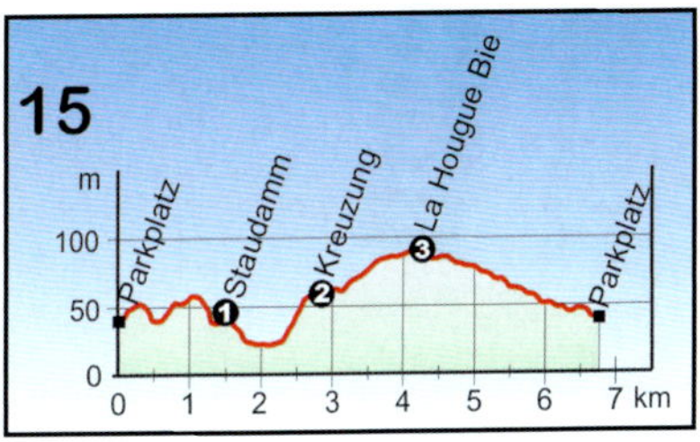

Vom P Parkplatz am See gehen Sie auf der linken (Osts) Seite des Sees entlang. Der schöne, gemütliche Weg führt immer am Ufer entlang bis zum Staudamm ❶. Sie gehen über den Staudamm und finden auf der anderen Seite an der linken Ecke eine Treppe. Auf dieser steigen Sie durch ein Waldstück zu einer Straße. Nun wenden Sie sich nach links zur Straße und wandern auf dieser an ein paar Häusern vorbei bergab. Sie gelangen an eine größere Straße. Dieser folgen Sie nach rechts bis zu einer Linkskurve. Hier kreuzen mehrere Straßen. Sie gehen nach rechts in die Rue Mathurin. Auf der Straße passieren Sie ein großes Anwesen.

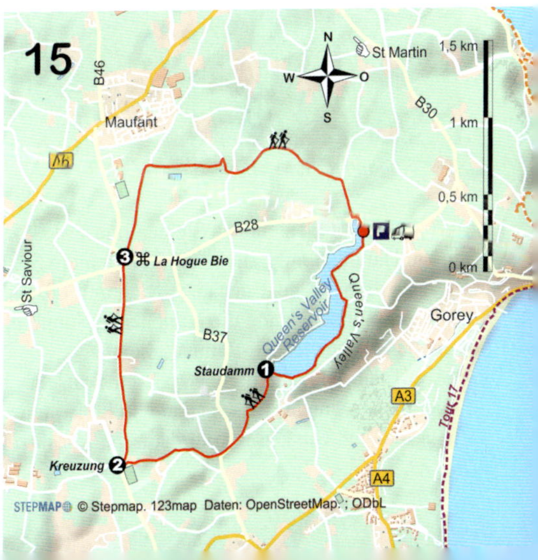

Direkt dahinter zweigt nach rechts eine kleine, zugewachsene Straße ab. Diese führt hinauf zu ein paar Häusern. Nach den Häusern erreichen Sie eine Kreuzung ❷ und nehmen die Rue de la Francheville in nördlicher Richtung. Obwohl die Straße relativ schmal ist, gibt es hier leider doch etwas Verkehr. Sie erreichen wieder eine Kreuzung und gehen nun auf einer stark befahrenen Straße nach geradeaus zur nächsten Kreuzung. Links liegt ⌘ La Hougue Bie ❸.

⌘ La Hougue Bie ist die bedeutendste Megalithanlage der Insel. Der 12 m hohe Hügel über der Kultstätte wurde zwischen 2900 und 2500 v. Chr. errichtet. Auf dem Steinhügel befinden sich die Kapellen Notre Dame de la Clarté aus dem 12. Jahrhundert und die Jerusalem Chapel aus dem 16. Jahrhundert. Das beeindruckende Ganggrab besteht aus 70 Steinen. Man betritt es durch einen niedrigen Eingang und einen darauffolgenden Gang. In Summe ist die Kammer 20,4 m lang und bedeckt von einer 12,2 m dicken Schicht aus Steinen und Erde. Der 9,7 m lange Gang öffnet in die Hauptkammer, die noch drei kleinere Seitenkammern besitzt.

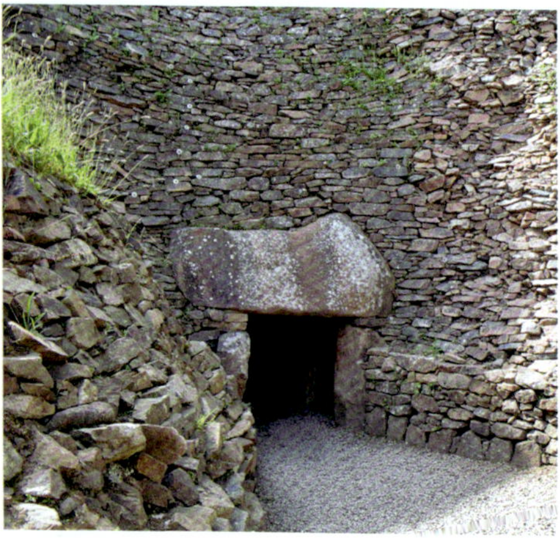

Der Eingang zu La Hougue Bie

Der Eingang liegt genau in Richtung Osten, sodass exakt zweimal im Jahr bei Sonnenwende die aufgehende Sonne in den Gang bis in den hintersten Teil des letzten Raums scheint.

Auf dem Gelände können Sie ein Museum besuchen, in dem Sie viel über die Geschichte Jerseys und von La Hougue Bie erfahren. Zudem steht hier auch ein Bunker aus der deutschen Besatzungszeit.

♦ La Hougue Bie, La Route de la Hougue Bie, Grouville, JE3 9HQ, www.jerseyheritage.org/places-to-visit/la-hougue-bie-museum, Anfang April bis Anfang Nov tgl. 10:00-17:00, Eintritt: Erwachsene £ 9,55, Kinder £ 6,15, Familien £ 28,55, Senioren über 65 Jahren £ 8,55.

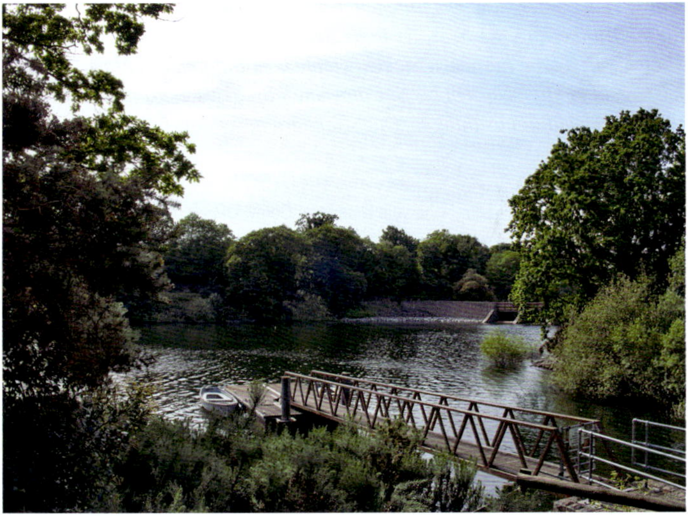

Im Queens Valley

Für den weiteren Weg gehen Sie an der Kreuzung weiter geradeaus auf der Route du Champ Colin nach Norden. Die Straße ist nun wieder deutlich ruhiger und richtig idyllisch. Nach einer Rechtskurve betreten Sie die Rue de Neuilly, eine *green lane*, die zu ein paar Häusern führt. An der nächsten Kreuzung gehen Sie kurz nach rechts auf die Straße La Rue de la Bachauderie und gehen an der folgenden Kreuzung geradeaus in die Rue St Julian. Dieser folgen Sie, bis Sie auf eine weitere Straße treffen. Hier gehen Sie nach rechts bis zur Hauptstraße, die Sie überqueren. Sie wandern nach links zum Eingang des Queen's Valley und zum P Parkplatz.

16 Von Gorey über St Catherine's Breakwater nach St Martin

Tour für Historiker

Gorey, ein nettes Küstenstädtchen an der Ostküste, ist Ausgangspunkt dieser Wanderung. Es liegt am Fuße des mächtigen Mont Orgueil Castle. Gleich am Anfang besuchen Sie den Dolmen du Faldouët. Entlang der Ostküste geht es nach Norden bis St Catherine's Breakwater – einer eindrucksvollen Verteidigungsanlage. Die Wanderung endet im beschaulichen St Martin.

- → Start: Parkplatz in der Nähe vom Hafen von Gorey, GPS N 49°11.999' W 002°01.353'; Ziel: Bushaltestelle in St Martin, N 49°12.1452' W 002°03.2034'
- ➲ 9,2 km
- ⌛ 2 Std. 45 Min.
- ↑↓ 150 m/74 m
- ⇧ 0-91 m
- ✎ Nicht ausgeschildert. Daher sollten Sie immer gut auf die Beschreibung achten.
- teilweise über ruhige Straßen, aber auch immer wieder schmale, einfache Wanderwege
- ✕ Einkehrmöglichkeiten in Gorey, das Driftwood Beach Café bei Archirondel (km 3), das Breakwater Café (km 5,3) und in St Martin am Ende der Tour
- Sitzmöglichkeiten bei St Catherine's Breakwater (km 5,3)
- Strand von St Anne (km 1,9)
- Die Tour geht mit Kindern, ist aber gerade durch den Asphaltbelag nicht so spannend.
- Die Wanderung ist für Hunde geeignet, durch den Asphaltbelag teilweise aber nicht so angenehm.
- Der erste Teil der Wanderung bis St Anne kann mit dem Buggy begangen werden (➲ 1,9 km einfach).
- P Parken in der Nähe des Hafens
- mit der Buslinie 1 oder 2 nach Gorey und von St Martin Linie 13 zurück nach Gorey

Vom P Parkplatz gehen Sie kurz in Richtung Hafen, bis bei den öffentlichen Toiletten nach links ein geteerter Weg zum Mont Orgueil Castle abzweigt. Die Burg sollten Sie unbedingt besichtigen.

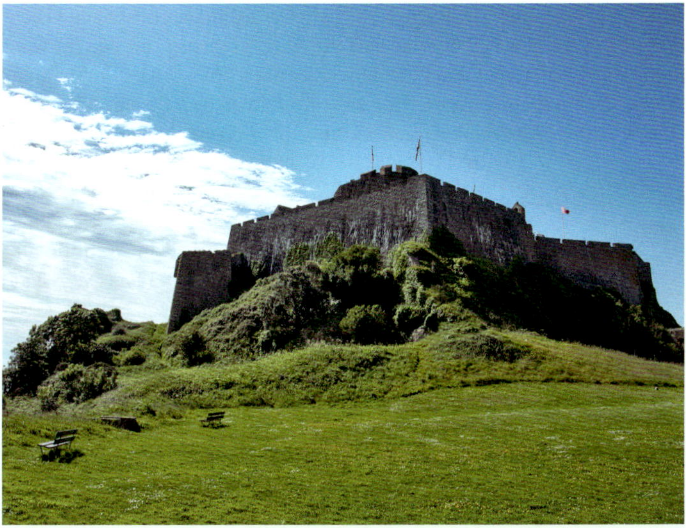

Das mächtige Mont Orgueil Castle

♜ Mont Orgueil Castle ist die älteste Burganlage Jerseys. Sie stammt aus dem 13. Jahrhundert. Der Bau geht auf die Zeit zurück, als England die Normandie an Frankreich verloren hatte, die Inseln aber weiterhin zur englischen Krone gehörten.

Die Burg war über Jahrhunderte Hauptsitz der strategischen Streitkräfte der Insel und des Gouverneurs. Die Mauern hielten einem Kanonenbeschuss allerdings nicht stand, wodurch man sich aufgrund der Einführung von Schießpulver nach einer Alternative umsah. Daher wurde Elizabeth Castle vor St Helier als Ersatz gebaut. Die Burg war daraufhin lange Zeit ein Gefängnis, wurde aber bereits früh im 20. Jahrhundert in ein Museum verwandelt.

♦ Mont Orgueil Castle, Castle Green Gorey, St Martin, JE3 6ET,
☏ 00 44/15 34/85 32 92,
💻 www.jerseyheritage.org/places-to-visit/mont-orgueil-castle, 🚪 Ende März bis Anfang Nov tgl. 10:00-18:00, Feb bis März Fr-Mo 10:00-16:00, Eintritt: Erwachsene £ 12,95, Kinder £ 8,35, Familien £ 38,35, Senioren über 65 Jahren £ 11,65

Schräg gegenüber der Burg zieht ein geteertes Sträßchen steil den Hang bergauf. Oben gehen Sie geradeaus zu einer Kreuzung, an der Sie kurz nach rechts gehen und dann gleich wieder nach links abbiegen. Sie kommen zu einem Wegweiser, der Sie zum ⌘ Dolmen de Faldouët schickt ❶. Diesen kleinen Abstecher sollten Sie unbedingt unternehmen.

⌘ Dolmen de Faldouët

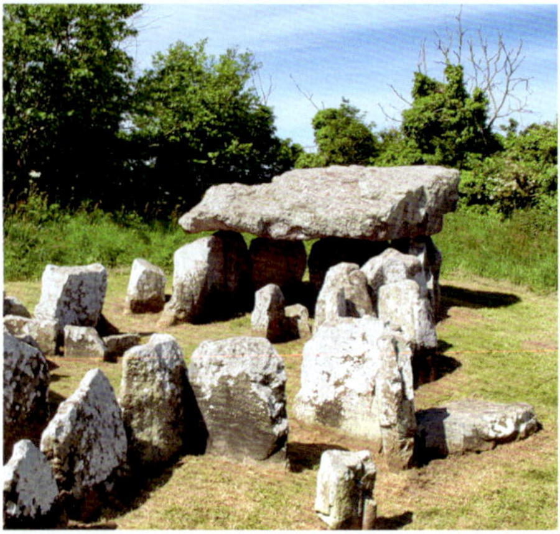

Beeindruckend der Dolmen bei Gorey

Der Dolmen stammt aus dem Neolithikum (4000-3250 v. Chr.). Ein 5 m langer Gang führt in eine runde Kammer, die von einem großen Stein überdeckt wird. Drei kleine Seitenkammern und zwei Zisternen gestalten den Rand der Hauptkammer. Dieser Dolmen ist einer von zwei Monumenten auf Jersey, dessen Öffnung perfekt auf die Zeiten der Sonnenwende ausgerichtet ist.

Anschließend wandern Sie an der Straße nach rechts in Richtung des Strandes von St Anne. Sie treffen auf die Küstenstraße, entlang der Sie links zum Strand spazieren. Vom Strand folgen Sie der Straße weiter bergauf zu einem Picknickplatz. Nach der Kurve gehen Sie noch kurz weiter, dann können Sie einen Fußpfad neben der Straße wählen. Nach einem Anwesen nehmen Sie das kleine Sträßchen, das nach rechts zum Strand Archirondel führt ❷. Hier befinden sich ein Café und ein alter Turm.

Driftwood Beach Café, Grand Route de la Cote, Archirondel, St Martin, JE3 6DR, ☏ 00 44/15 34/85 21 57, tgl. 9:00-17:00

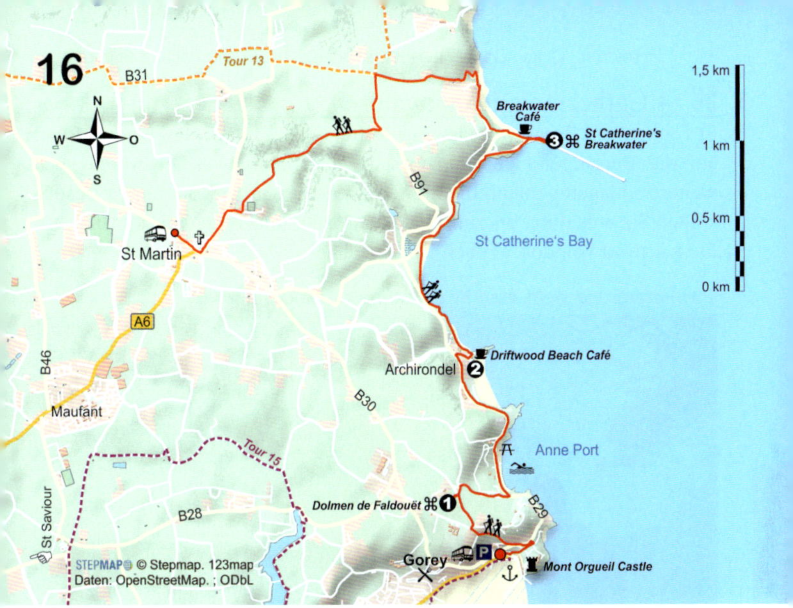

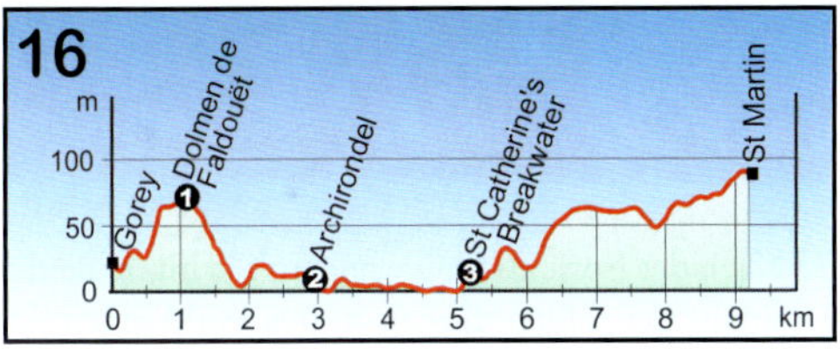

Hinter dem Café beginnt ein Steig, der am oberen Rand des Strandes entlangführt. Der gemauerte Weg führt bis zum St Catherine's Tower. Hinter dem Turm nimmt Sie ein Fußpfad nach rechts mit durch ein Waldstück. Er biegt wieder nach rechts ab und verläuft wieder wunderschön entlang des Strandes in Richtung von ⌘ St Catherine's Breakwater ❸. Sie erreichen die Straße und gehen nach rechts zu Befestigungsanlage. Hier befindet sich zur Einkehr das ☕ Breakwater Café.

☕ Breakwater Café, La Route De St Catherine, St Martin, JE3 6DD, ☏ 00 44/15 34/85 11 41, 🚪 tgl. 8:00-17:00

⌘ St Catherine's Breakwater

St Catherine's Breakwater ist eine Verteidigungsanlage, die eine Antwort auf die Befestigung des französischen Cherbourg war. Es waren noch weitere Anlagen geplant, die nie fertiggestellt wurden. Bei einem Besuch sollten Sie unbedingt bis zum Ende der Mauer hinaus gehen. Der Blick auf die Küste ist von dort einfach wunderschön.

Im Hintergrund sieht man St Catherine's Breakwater

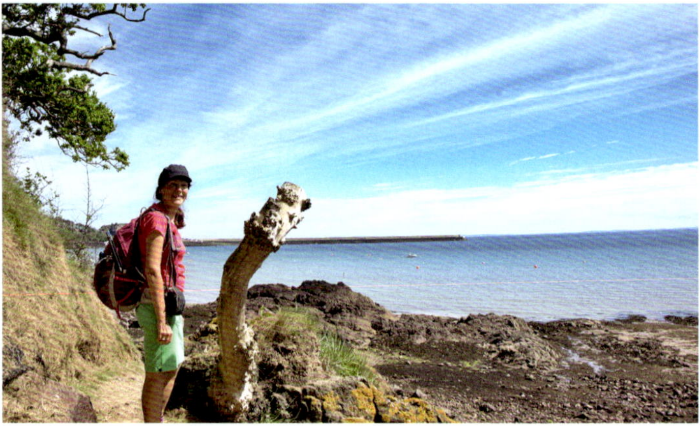

Nach der Besichtigung wandern Sie hinter dem großen Felsen zu einem Fußpfad. Sie folgen diesem in den Wald hinein bis zu einer Wegteilung. Hier nehmen Sie den linken Weg, der Sie zu einer Straße bringt. Auf dieser wandern Sie nach Westen, bis Sie eine stärker befahrene Straße erreichen. Auf dieser gehen Sie nach links, bis nach rechts der footpath in Richtung St Martin abbiegt. Nach ein paar Häusern taucht der Pfad in den Wald ein. Zuerst sehen Sie links und rechts noch Wiesen, später wird der Wald dichter. Entlang einer Mauer führt der verwunschene Pfad bergab bis zu einer Kreuzung. Hier gehen Sie nach rechts bergauf. Der Weg macht einen Bogen nach links und endet an einem Steinhaus. Nach dem Haus gehen Sie nach rechts in Richtung St Martin. Sie erreichen die Hauptstraße und gehen auf ihr nach links zur ✞ Kirche. Von der Kirche gehen Sie wieder nach rechts zur 🚌 Bushaltestelle an der St Martin Hall. Hier steigen Sie in den Bus Linie 13, der Sie nach Gorey zurückbringt.

⑰ Von Gorey nach La Rocque

Tour für Strandspaziergänger

Gerade bei Ebbe, wenn sich das Wasser zurückzieht, ist die Wanderung von Gorey über den Strand an die Südspitze Jerseys zum Hafen La Rocque ein besonders schönes Vergnügen. Gemütlich spazieren Sie durch den Sand und blicken immer wieder hinaus zum Seymour Tower oder zurück zum Mont Orgueil Castle. Spannend ist dann noch die Variante hinaus zum Turm.

→ Start: Parkplatz in der Nähe vom Hafen von Gorey, GPS N 49°11.973' W 002°01.284'; Ziel: Parkplatz am Hafen La Rocque, GPS N 49°09.912' W 002°01.940'
4,7 km
1 Std. 15 Min.
↑↓ 7 m/25 m
⇧ 0-18 m
nicht ausgeschildert, immer am Strand entlang
idealerweise bei Ebbe über den Sandstrand, sonst auf der Strandpromenade
Einkehrmöglichkeiten in Gorey und La Rocque, unterwegs das Seymour Inn (km 4)
Sitzmöglichkeiten am Ende bei La Rocque
Die Tour geht mit Kindern ab 8 Jahren. Das Spazieren durch den Sand macht Spaß.
Die Wanderung ist für Hunde geeignet. Am Strand ist allerdings das Anleinen erforderlich.
Die Wanderung kann mit dem Buggy nicht begangen werden.
P Parken in der Nähe des Hafens
mit der Buslinie 1 oder 2 nach Gorey, Rückfahrt mit der Linie 1

Vom Gorey Pier am Hafen wandern Sie an der Strandpromenade in Richtung Süden. Wenn sich das Wasser bei Ebbe zurückgezogen hat, wechseln Sie auf den Strand. Dann können Sie die gesamte Wanderung am Strand unternehmen. Sie gehen immer entlang der Uferbefestigung. Zuerst spazieren Sie zum Strand von Grouville ❶ und weiter um die Südspitze ❷ herum zum Hafen La Rocque ❸. Unterwegs kommen Sie in der Nähe der Südspitze beim ✕ Pub Seymour Inn vorbei.

Pub Seymour Inn, La Rue du Puits Mahaut, Grouville, JE3 9BU, 00 44/15 34/85 45 58, tgl. 10:00-23:

Sie erreichen den P Parkplatz über eine steile Steintreppe. Die Rückfahrt erfolgt mit dem Bus Linie 1.

Variante Seymour Tower

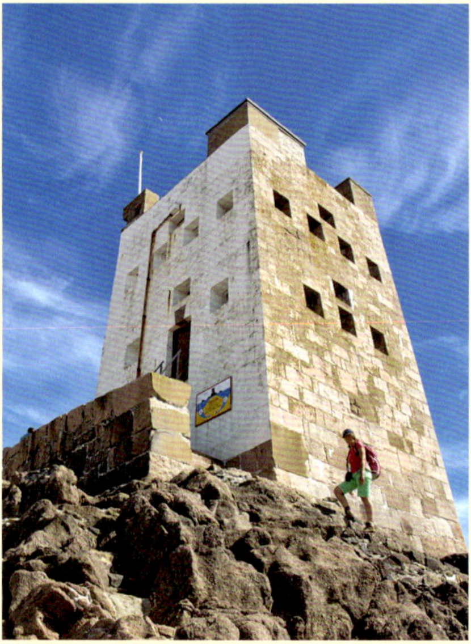
Der Seymour Tower

Es ist natürlich verlockend, noch zum Seymour Tower hinauszugehen. Gerade zu Zeiten von großen Unterschieden vom Wasserstand zwischen Ebbe und Flut ist der Abstecher empfehlenswert. Sie sollten sich allerdings ganz sicher im Umgang mit den Gezeiten sein und idealerweise eine gewisse Zeit vor dem niedrigsten Wasserstand loswandern, sodass Sie nicht plötzlich von der einsetzenden Flut überrascht werden. Gute Sicht ist für das Vorhaben ebenfalls unbedingt erforderlich. Ist man sich unsicher, so unternimmt man den Ausflug besser im Rahmen einer Führung. Trudie Trox von Jersey Walk Adventures leitet regelmäßig Wanderungen zum Seymour Tower. Diese sind besonders empfehlenswert, da sie dabei viel über die Flora und Fauna des Meeres erzählt und auch Deutsch spricht.

Jersey Walk Adventures, 00 44/77 97/85 30 33, www.jerseywalkadventures.co.uk, info@jerseywalkadventures.co.uk

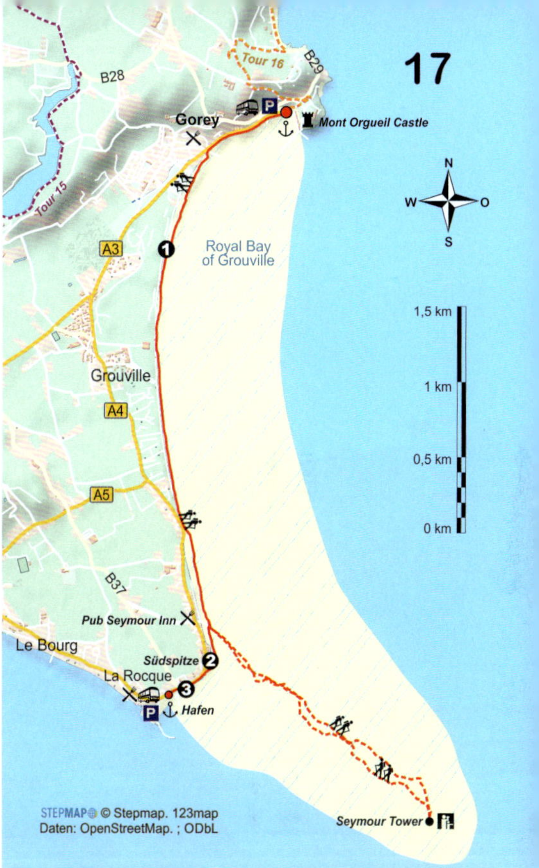

Die Wanderung zum Seymour Tower startet am Pub Seymour Inn in der Nähe der Südostspitze Jerseys. Von hier sehen Sie bereits den Turm, auf den Sie immer geradeaus zulaufen. Der Weg ist mit kleinen Metallstangen ausgesteckt und bei guter Sicht nicht zu verfehlen. Vom Turm genießen Sie einen tollen Rundumblick auf die Südostküste Jerseys. Beeindruckend ist der Blick hinüber zum Mont Orgueil Castle.

☺ **Ausflug zum Icho Tower**

Ein weiterer Turm im Meer ist der Icho Tower. Auch hierhin führt Trudie Trox Wanderungen. Diese Wanderung passiert aber ein paar Abschnitte, die man beim Rückweg vor dem Einsetzen der Flut unbedingt durchschritten haben muss. Daher können wir die Tour nur unter Trudies Führung empfehlen. Wir haben zuerst die Führung zum Icho Tower gemacht und fühlten uns dann sicherer für die selbständige Tour zum Seymour Tower. Wie bereits erwähnt, wenn man sich unsicher fühlt, kann man für beide Touren eine geführte Tour buchen.

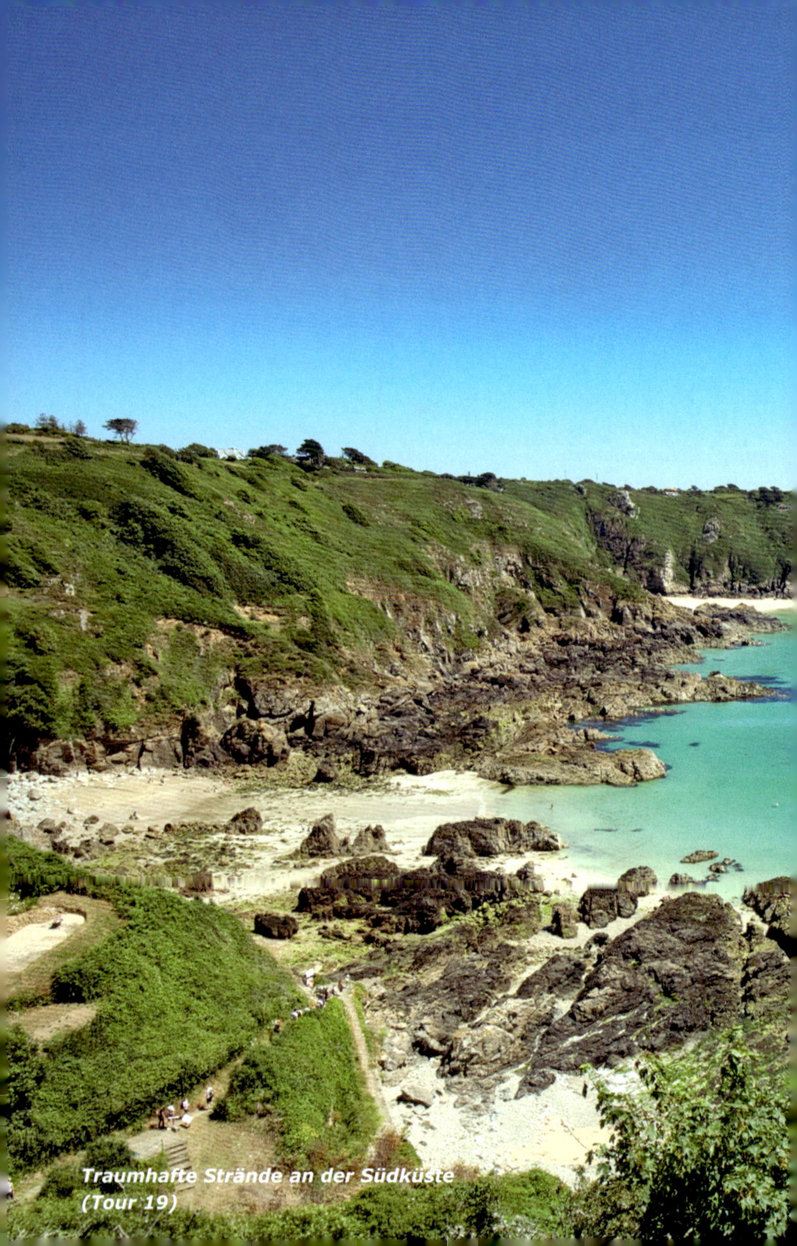

Traumhafte Strände an der Südküste (Tour 19)

Guernsey

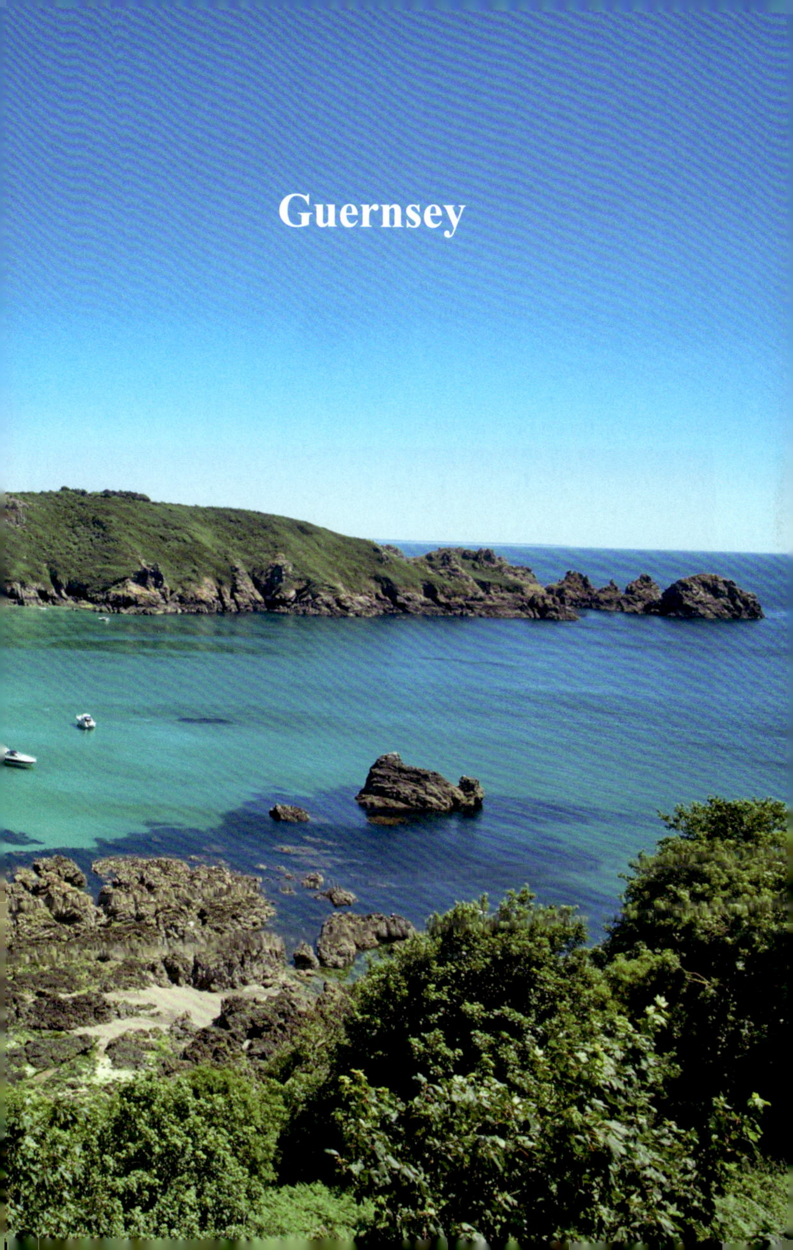

18 Von St Peter Port nach Jerbourg

Tour für Bluebell-Liebhaber

Diese Wanderung führt von St Peter Port entlang der Ostküste Guernseys nach Jerbourg. Zu Beginn begeistert der Blick zum Castle Cornet. Danach geht es auf einem abwechslungsreichen Weg zur Fermain Bay, die sich für eine Pause anbietet. Oben in Jerbourg gibt es noch einmal eine großartige Sicht auf das Meer.

Blick auf Castle Cornet und Herm

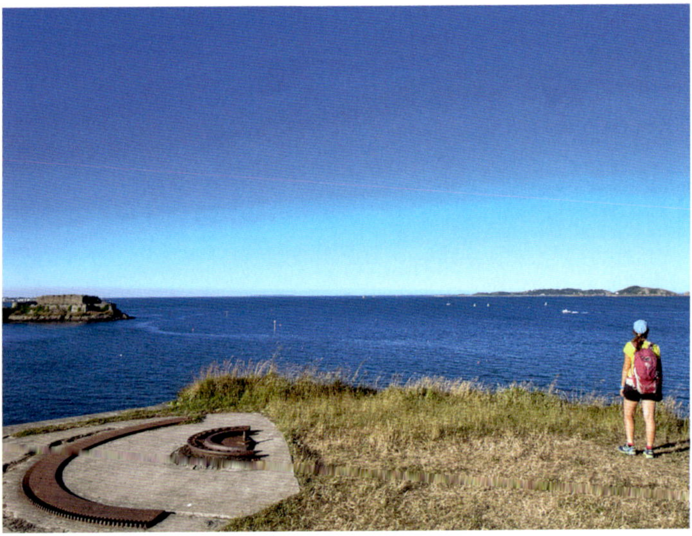

→ Start: St Peter Port Town Terminus, GPS N 49°27.247' W 002°32.150';
Ziel: Jerbourg, GPS N 49°25.449' W 002°31.944'

5,7 km

2 Std. 30 Min.

↑↓ 257 m/174 m

⇧ 5-84 m

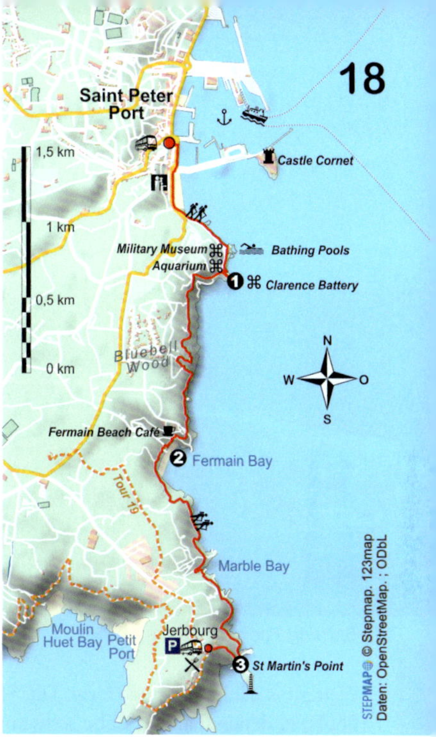

- gut zu findende Wanderwege entlang der Küste, keine durchgehende Markierung
- schmale Steige, teilweise anstrengend, aber gut zu begehen
- Einkehrmöglichkeiten im Beach Café Fermain Bay (km 3,3) und im Hotel Jerbourg am Ende der Wanderung
- Sitzmöglichkeiten am Beginn der Tour und am Ende bei Jerbourg
- Bathing Pools (km 0,7)
- Die Tour ist aufgrund der steilen Auf- und Abstiege anstrengend und daher eher für größere Kinder ab 12 Jahren geeignet.
- Die Wanderung ist für Hunde geeignet. Am Strand an der Fermain Bay sind sie vom 1. Mai bis zum 30. September verboten, der Weg führt allerdings oberhalb des Strandes vorbei.
- Die Wanderung kann mit dem Buggy nicht begangen werden.
- P Am Startpunkt ist das Parken eher schwierig. Es bietet sich an, am Tourenende in Jerbourg zu parken und mit dem Bus zum Ausgangspunkt zu fahren.
- Die Buslinie 81 verkehrt zwischen St Peter Port Town Terminus und Jerbourg

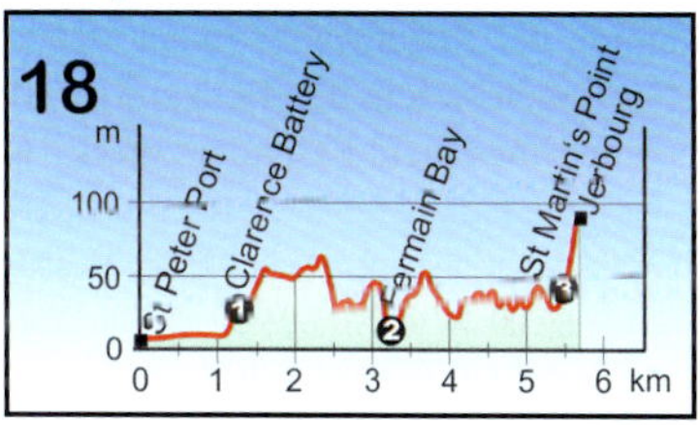

Von der Bushaltestelle am Town Terminus in St Peter Port folgen Sie den Schildern in Richtung „Aquarium“. Sie wandern auf der Straße nach Süden und biegen dann nach links in die Straße La Valette ab. Bald schon bietet sich ein schöner Blick auf Castle Cornet und bei gutem

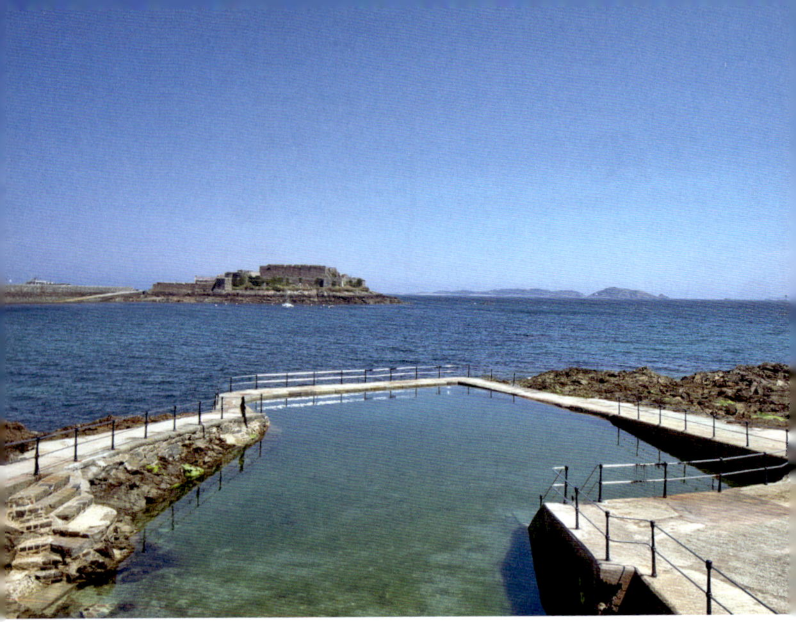

Bathing Pool vor Castle Cornet

Wetter bis nach Sark und Herm. Die Straße bringt Sie zu den Bathing Pools, in denen man bei Ebbe schwimmen kann.

Sie wandern weiter zum ⌘ Military Museum und zum ⌘ Aquarium. Gerade bei Regenwetter bietet sich das Aquarium zu einem Besuch an. Hier finden sich in den Becken Bewohner der Kanalinseln. Das Aquarium ist allerdings nicht besonders groß – aber durchaus interessant.

⌘ La Valette underground Military Museum, La Valette, St Peter Port, GY1 1AX, ☏ 00 44/14 81/72 23 00, http://lavalette.tk/, tgl. 10:00-17:00, Eintritt: Erwachsene £ 6, Kinder £ 3,50

⌘ Aquarium, La Vallette, St Peter Port, GY1 1AX, ☏ 00 44/14 81/72 33 01, www.theaquariumguernsey.com, 9:00-18:00, Eintritt: £ 5 für Erwachsene, £ 3 für Kinder

Sie gehen weiter hinauf zur ⌘ Clarence Battery ❶ und genießen die wundervolle Aussicht.

⌘ Clarence Battery

Die Verteidigungsanlage stammt aus dem Jahr 1780 und zählt zum äußeren Verteidigungsring von Guernsey. Sie war auch im Zweiten Weltkrieg für die deutschen Besatzer von großer Bedeutung. Die Anlage ist sehr gut erhalten und bietet einen grandiosen Blick auf St Peter Port und Castle Cornet.

Nun folgen Sie dem Pfad in den Wald, kommen zu einer Straße und gehen auf dieser nach links in Richtung Fermain Bay. Ein schöner Steig bringt Sie zum Bluebell Wood. Hier finden sich im Sommer viele blühende Bluebells, auch genannt Atlantisches oder Englisches Hasenglöckchen.

Hier gehen Sie nach links und wandern auf dem Küstenpfad in stetem Auf und Ab in Richtung Fermain Bay ❷. Sie gehen nach links in Richtung der Bucht, die Sie nach einem kurzen Abstieg erreichen. Sie gehen über die Terrasse des ☕ Cafés und weiter zur kleinen Straße.

☕ Fermain Beach Café, Fermain Lane, Fermain Bay, St Peter Port, GY1 1ZZ, ☏ 00 44/14 81/23 86 36, tgl. 10:00-18:00

Diese überqueren Sie und gehen gleich danach nach rechts über eine kleine Brücke zum Küstenpfad. Auf diesem wandern Sie bis zu einer Wegverzweigung. Hier wenden Sie sich nach links in Richtung Marble Bay. Der Weg führt bis kurz vor die Bucht und wieder steil bergauf. Sie wandern durch ein Tälchen und kommen zur Abzweigung nach Divette, die Sie ignorieren. Der Steig bringt Sie bis kurz vor St Martin's Point ❸. Die letzten Meter zur Spitze sind oft zugewachsen, sodass Sie direkt hinauf zum 🅿 Parkplatz am ✕ Jerbourg Hotel aufsteigen, dem Ziel der Wanderung. Das Hotel besitzt ein Restaurant, in dem Sie einkehren können. Direkt am Hotel befindet sich auch die Bushaltestelle.

✕ Hotel Jerbourg, Jerbourg Point, St Martin, GY4 6BJ, ☏ 00 44/14 81/23 88 26, www.hoteljerbourg.com, 12:00-14:30, Mo-Sa 18:30-20:30, So und feiertags 19:00-20:30, Coffeeshop mit Kuchen täglich ab 10:00 offen

19 Von Le Bourg nach Sausmarez Manor

Tour für Liebhaber von Abwechslung

Wunderschön verläuft diese Tour entlang der eindrucksvollen Südküste nach Jerbourg. Grandios sind die Ausblicke auf das Meer. Nicht weniger schön sind die Strände – der an der einsamen Le Jaonnet Bay, an der malerischen Moulin Huet Bay oder ein Abstecher zum Badestrand Petit Port. Den Abschluss bildet das historische Sausmarez Manor.

→ Start: Le Bourg, GPS N 49°25.845' W 002°35.580'; Ziel: Sausmarez Manor, GPS N 49°26.136' W 002°32.853'

12,4 km

4 Std. 15 Min.

↑↓ 317 m/321 m

⇧ 10-99 m

gut ausgeschilderte Wanderwege entlang der Küste, schmale Straßen in Richtung Sausmarez Manor

schmale Steige, teilweise anstrengend, aber gut zu begehen, sowie einfache Straßen

Kiosk an der Saints Bay (km 5,7), Moulin Huet Tea Rooms (km 7), Hotel Jerbourg (km 10,2) und am Ende in Sausmarez Manor

Immer wieder gibt es Sitzmöglichkeiten entlang der Südküste.

Le Jaonnet Bay (km 3,4) und etwas abseits des Weges die Bucht von Le Petit Port

Die Tour ist aufgrund der steilen Auf- und Abstiege anstrengend und daher eher für größere Kinder ab 12 Jahren geeignet.

Die Wanderung ist für Hunde geeignet.

Die Wanderung kann mit dem Buggy nicht begangen werden.

P Parken in Le Bourg bei der Kirche (dort tragen)

mit den Buslinien 91-95 nach Le Bourg, Rückfahrt ebenfalls mit diesen Linien

Von der Bushaltestelle in Le Bourg wandern Sie zur nahen ✝ Kirche. Sie folgen der Straße zum ⌘ German Occupation Museum und gehen geradeaus weiter.

Wer will, kann dem Museum einen Besuch abstatten. Es zeigt das Leben während der Besatzung durch die Nationalsozialisten von 1940 bis 1945.

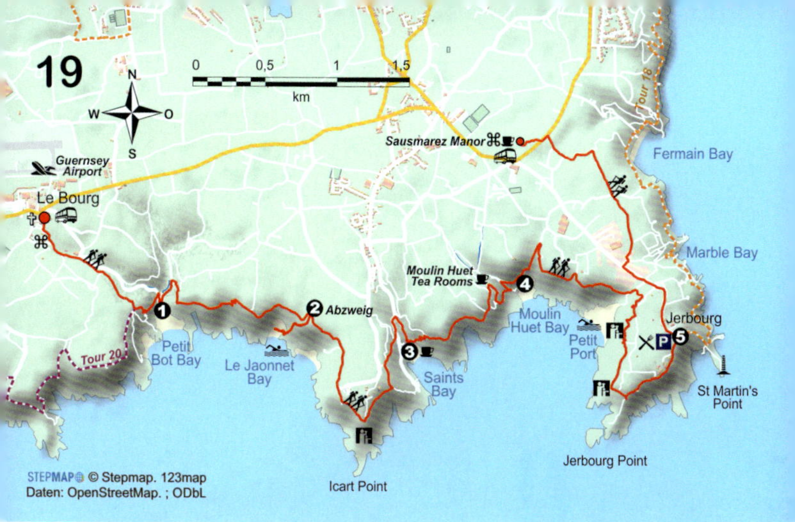

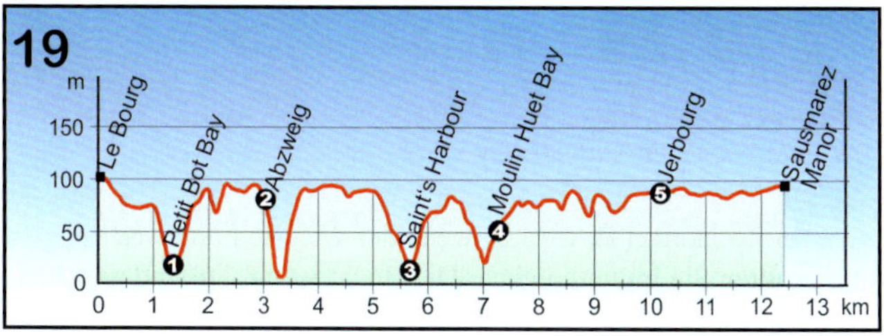

⌘ German Occupation Museum, Les Houards, Forest, GY8 0BG, ☏ 00 44/14 81/23 82 05, www.germanoccupationmuseum.co.uk, April bis Okt 10:00-16:30, Nov bis März 10:00-13:00, Eintritt: £ 5 für Erwachsene, £ 2,50 für Kinder

Einen Straßenabzweig nach links ignorieren Sie und folgen der Straße, bis sie in einen Steig übergeht. Dieser bringt Sie zu einer Wegteilung. Sie nehmen den linken Weg und steigen über viele Stufen hinunter zur schönen Bucht Petit Bot Bay ❶.

Für den Weiterweg wandern Sie auf der östlichen Teerstraße ein Stück bergauf, bis der Küstenpfad nach rechts abzweigt. Sie spazieren hoch über der Küste mit großartigen Ausblicken auf die eindrucksvolle Landschaft bis zu einer weiteren Wegabzweigung ❷. Hier geht es rechts

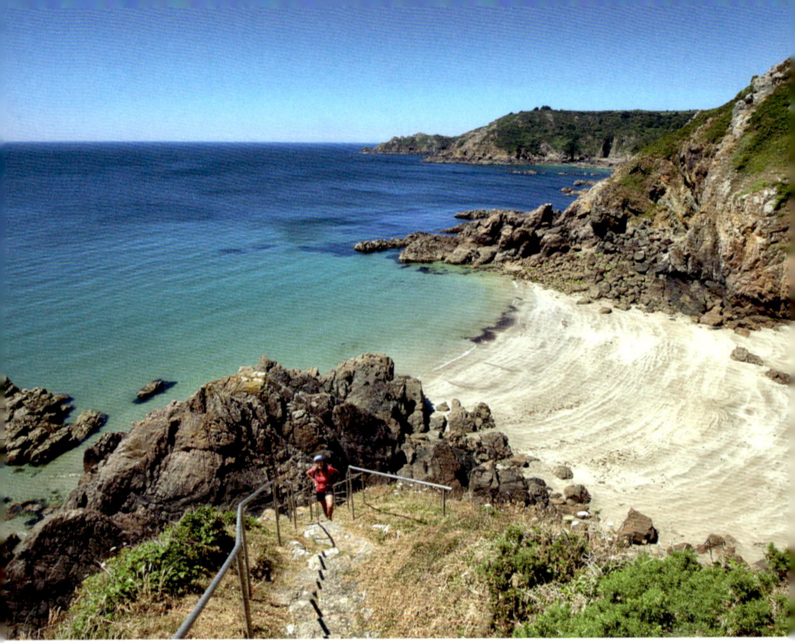

Tief unten liegt die Jaonnet Bay

zur Le Jaonnet Bay. Auch wenn der Weg steil und weit ist, gerade bei Ebbe sollten Sie hinuntergehen. Die Bucht ist einsam und wirklich traumhaft schön. Hier können Sie auch einen Sprung in die kühlen Fluten des Atlantiks wagen. Der Abstieg führt über viele Treppen und eine Leiter zum Strand.

Nach dem Abstecher zum Strand wandern Sie auf dem Küstenweg wieder aussichtsreich weiter zum Icart Point. Sie gehen auf die Ostseite und genießen nun einen Blick bis Jerbourg Point. Der Weg führt bald abwärts in Richtung Saints Bay. Den ersten Abzweig zum Saints Harbour ignorieren Sie, stattdessen gehen Sie an der folgenden Abzweigung über die Stufen bergab zu einer Straße. Diese führt zum Hafen.

Sie gehen auf der Teerstraße nach links, bis Sie auf eine weitere Straße treffen. Auf dieser spazieren Sie nach rechts zur Bucht mit Kiosk ❸.

Saints Bay Kiosk, Saints Bay Road, St Martin, GY4 6ES, ☏ 00 44/14 81/23 68 44, tgl. 10:30-17:30

Direkt gegenüber dem Kiosk führen Treppen bergauf zu einem kleinen Platz mit Bank. Ab hier steigen Sie über viele Stufen steil hinauf zum Küstenpfad. Auf diesem wandern Sie nach rechts hoch über der Küste zu einer Abzweigung. Sie gehen nach rechts zu einer weiteren Bank und folgen einem Steig, der nach links hinunter zur traumhaft schönen Moulin Huet Bay führt ❹. Auch hier gibt es ein nettes Café. Die Bucht inspirierte schon Renoir für seine Werke.

Moulin Huet Tea Rooms, Rue de Moulin Huet, St Martin, GY4 6EJ, ☏ 00 44/14 81/46 48 25, im Sommer geöffnet

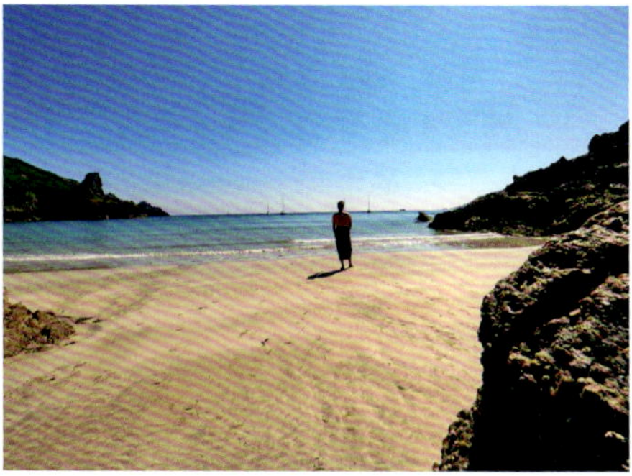

Baden in Petit Port

Nach der Pause am Kiosk gehen Sie ein Stück in Richtung „car park“, bis nach rechts der Weg in Richtung Le Petit Port abzweigt. Sie wandern an einer Mauer entlang durch den Wald bis zu einem Teersträßchen. Hier gehen Sie nach rechts und wechseln über Treppen zum Küstenpfad. Dieser führt wieder mit tollen Aussichten hoch über der Küste entlang. Sie kommen zum Abzweig des Weges zur Bucht von Le Petit Port. Diese ist wirklich wunderschön und eignet sich zum Baden.

Für den Weiterweg gehen Sie geradeaus und halten sich an sämtlichen Abzweigungen rechts. Sie kommen zu grandiosen Aussichtspunkten und erreichen kurz vor Jerbourg Point ein paar Bunker, von denen Sie bis nach Sark blicken können. Sie gehen nach rechts zum Parkplatz von Jerbourg ❺. Hier liegt auch das Hotel Jerbourg.

Hotel Jerbourg, Jerbourg Point, St Martin, GY4 6BJ, ☏ 00 44/14 81/23 88 26, www.hoteljerbourg.com, 12:00-14:30, Mo-Sa 18:30-20:30, So und feiertags 19:00-20:30, Coffeeshop mit Kuchen täglich ab 10:00 offen

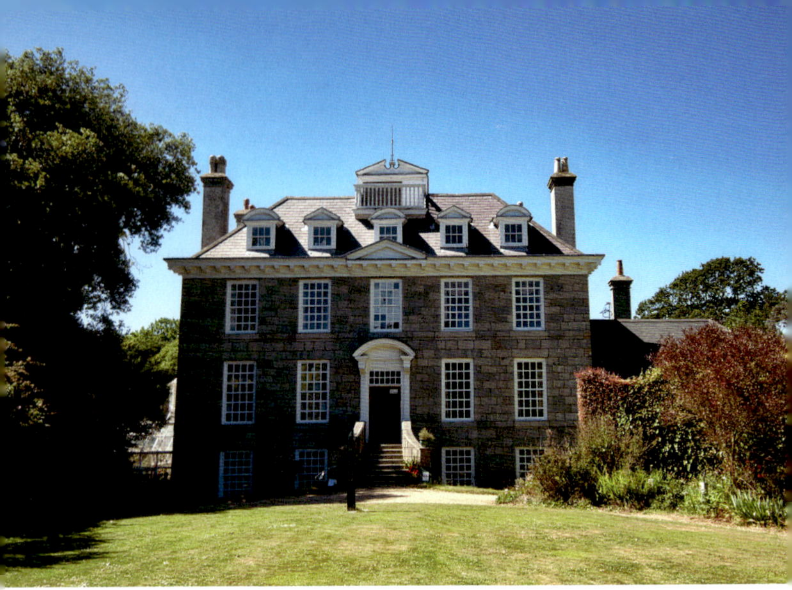

Sausmarez Manor

Nun folgen Sie der Straße La Route de Jerbourg in Richtung Nordwesten. Sie ignorieren einen ersten Pfad, der nach rechts abbiegt, und folgen stattdessen der nächsten kleinen Straße nach rechts. An der Kreuzung gehen Sie nach links zu einem großen Haus. Hier beginnt ein Pfad, der geradeaus durch die Felder führt. Sie treffen auf eine Straße, auf der Sie geradeaus gehen. Diese macht einen Linksbogen und geht in eine weitere Straße über. Nun ignorieren Sie alle Abzweigungen, bis Sie an der Route de Sausmarez ankommen. Sie gehen ein paar Meter nach links und stehen direkt vor dem Eingang zum ⌘ Sausmarez Manor. Sie sollten das Haus sowie den Park besuchen und im ☕ Tea Room einkehren.

⌘ ☕ Sausmarez Manor, Le Route des Sausmarez, St Martins GY4 6SG, ☏ 00 44/14 81/23 55 71, 💻 www.sausmarezmanor.co.uk, 🚪 tgl. 10:00-17:00, historische Hausführung £ 7 für Erwachsene, £ 5,50 für Kinder, das Café befindet sich im Garten, den Sie kostenlos betreten können.

Mit dem Bus fahren Sie zurück nach Le Bourg.

20 Vom Mont Herault nach Le Bourg

Tour für Südküstenliebhaber

Guernseys Schaustück ist die spektakuläre Südküste. Grandios verläuft der Küstenpfad hoch über dem Meer. Immer wieder genießen Sie herrliche Ausblicke und werden von der steil abfallenden Felsenküste beeindruckt sein. Gerade diesen Abschnitt der Steilküste müssen Sie besuchen.

→ Start: Bushaltestelle Mont Herault, GPS N 49°25.748' W 002°39.411';
Ziel: Bushaltestelle in Le Bourg, GPS N 49°25.884' W 002°35.566'

10,2 km

3 Std. 45 Min.

↑↓ 244 m/210 m

⇧ 28-100 m

Gut ausgeschilderte Wanderwege entlang der Küste. Im letzten Abschnitt nach Le Bourg sollten Sie sich an die Beschreibung halten.

schmale Steige, teilweise anstrengend, aber gut zu begehen, nur kurze Straßenabschnitte

Einkehrmöglichkeit im Le Gouffre Café (km 7,2)

immer wieder Sitzmöglichkeiten entlang der Südküste

Die Tour ist aufgrund der steilen Auf- und Abstiege anstrengend und daher eher für größere Kinder ab 12 Jahren geeignet. Dann kann das Abenteuer aber Spaß machen.

Die Wanderung ist gut für Hunde geeignet; es gibt viele Pfade.

Die Wanderung kann mit dem Buggy nicht begangen werden.

P Keine Parkmöglichkeit am Start. Am besten parken Sie in Le Bourg an der Kirche (dort fragen) und fahren dann mit dem Bus zum Startpunkt.

mit den Buslinien 91-94 zum Mont Herault, die Linien 91 und 93 verkehren zwischen Start und Ziel

Von der Bushaltestelle „Mont Herault“ wandern Sie auf dem Sträßchen in südlicher Richtung bis zur Küste, an der sich auch das Watchhouse Mont Herault befindet. Wachhäuser waren Teil einer Kette von Signal- und Beobachtungsposten.

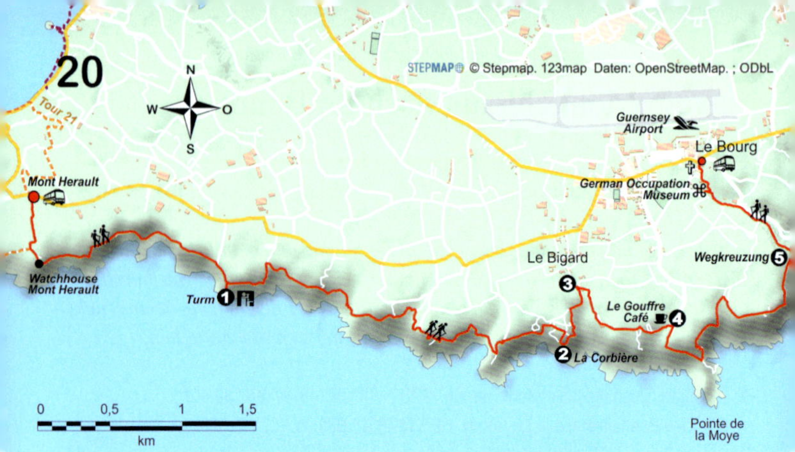

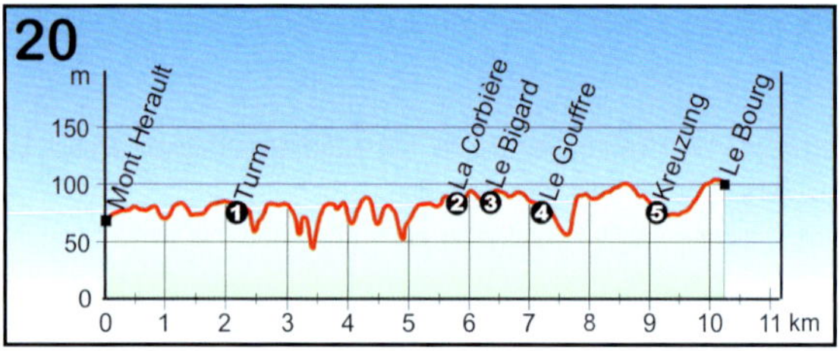

Sie gehen auf dem Schotterweg kurz nach links, biegen dann aber nach rechts auf den Küstenpfad ab. Dieser verläuft hoch über der eindrucksvollen Steilküste in östlicher Richtung. In stetem Auf und Ab, mit großartigen Blicken auf das Meer, wandern Sie entlang der Südküste. Schon bald sehen Sie das nächste Ziel, einen Beobachtungsturm der Deutschen aus dem Zweiten Weltkrieg. Der Weg dorthin ist aber noch weit.

Hoch über der Bucht Le Creux Mahie wandern Sie weiter. Der Weg führt mehrmals über Treppen abwärts und wieder hinauf, bis Sie am Turm stehen ❶. Die Aussicht ist weiterhin großartig. Der Küstenpfad bringt Sie nun hinüber nach La Corbière ❷. Kurz vorher unternehmen Sie noch einen Abstecher zu einem schönen Aussichtspunkt. Hier bei La Corbière stand die deutsche Festung „Rabenstein“, die Angriffe aus dem Süden abwehren sollte. Nachdem Sie die Aussicht bewundert haben, wandern Sie auf dem Küstenpfad weiter. Sie können dabei immer nah an der Küste bleiben und so die schöne Aussicht genießen. Links von Ihnen befindet sich ein Naturschutzgebiet, das vom National Trust gepflegt wird.

Der Weg biegt nach Norden ein und führt nach Le Bigard hinein ❸. An der ersten Kreuzung in dem kleinen Ort gehen Sie nach rechts und folgen einem Schotterpfad, der bald wieder in den Küstenpfad übergeht. Nach Süden in Richtung Meer besuchen Sie noch einmal einen schönen Aussichtspunkt, bevor Sie der Weg hinunter zu einem netten Café in Le Gouffre bringt ❹.

Le Gouffre Café, Le Gouffre, Forest, GY8 0BN, ☏ 00 44/14 81/26 41 21, Mi-Sa 10:00-22:00, Di u. So 10:00-17:00

Grandioser Aussichtspunkt und Rastplatz

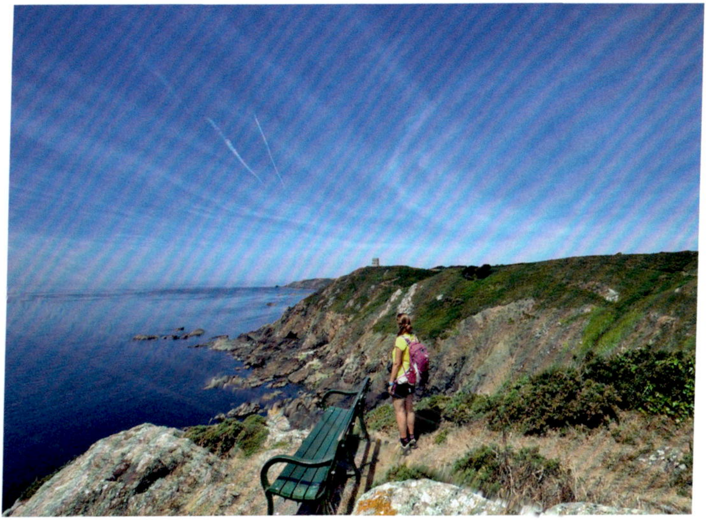

Auf der anderen Talseite wandern Sie auf dem Schotterweg weiter, der bald wieder zum Steig wird und zur Landzunge Pointe de la Moye führt. Den Abzweig zu einem Anlegeplatz ignorieren Sie und gehen stattdessen nach links. Der Weg taucht in ein Wäldchen ein. Jetzt biegen Sie nach rechts ab und treffen wieder auf einen Schotterweg, dem Sie nach rechts folgen. Eine Abzweigung führt zu einem schön gelegenen Watchhouse, Sie aber bleiben auf dem Weg, der weiter in Richtung Portelet Bay führt.

An einer Wegkreuzung ❺ gehen Sie nach links in Richtung Landesinnere. Der Weg führt in den Wald und wird zu einem Sträßchen. An einer Wegkreuzung nehmen Sie die nach schräg links bergauf steigende Straße, auf der Sie bis zu einer Straßenteilung bleiben.

Wenige Meter links oberhalb befindet sich das ⌘ German Occupation Museum, das einen Besuch lohnt.

⌘ German Occupation Museum ☞ siehe Tour 19

Das German Occupation Museum

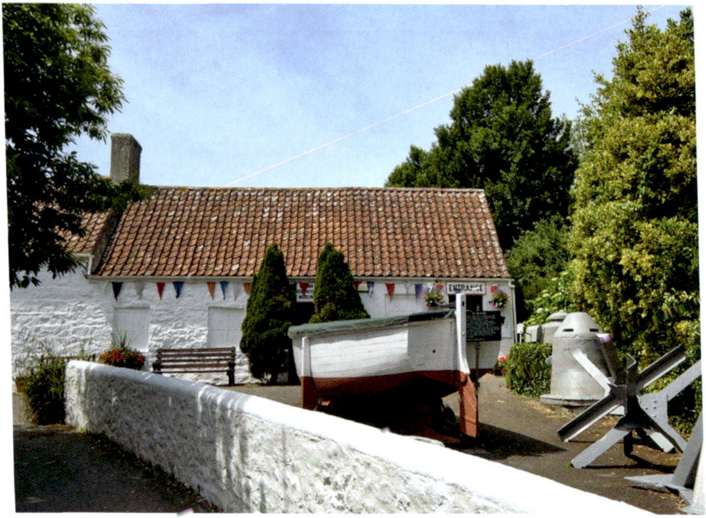

Nach einem Besuch gehen Sie zurück zur Wegteilung und spazieren nach links hinauf zur ✞ Kirche und zur Hauptstraße. Wenige Meter rechts befindet sich die 🚌 Bushaltestelle Le Bourg.

21 Entlang der Pleinmont-Hochfläche

Tour für Sonnenuntergangsfreunde

Die Pleinmont-Hochfläche liegt im Südwesten von Guernsey. Gerade am Abend, wenn die Sonne langsam versinkt, ist die Wanderung über die Hochfläche großartig. Dann herrscht hier eine wunderbare Stimmung. Sie genießen die prächtige Aussicht auf das Meer und sollten sich immer wieder mal eine Pause zum Staunen gönnen.

Start/Ziel: Parkmöglichkeit am südwestlichen Ende der Rocquaine Bay, GPS N 49°26.054' W 002°39.628'

5,9 km

2 Std.

82 m/92 m

1-74 m

Rückblick zum Startpunkt

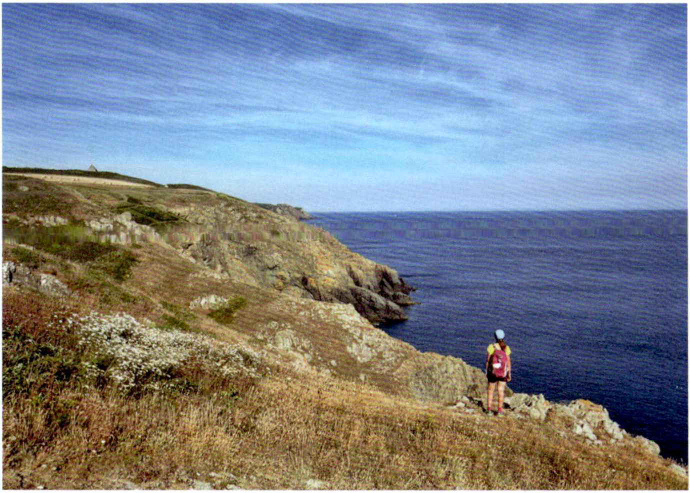

Gut ausgeschilderte Wanderwege entlang der Küste. Zu Beginn gibt es schmale Straßen, sie sollten hier gut auf die Beschreibung achten.

schmale Steige, ohne besondere Probleme und schmale Straßen

Einkehrmöglichkeit nur am Beginn bzw. Ende der Tour im Hotel Imperial

immer wieder Sitzmöglichkeiten entlang der Wanderung, sehr schöne Bank mit toller Aussicht bei km 2,7

Die Tour ist für Kinder ab 10 Jahren geeignet, da sie nicht besonders lang ist. Spannend ist das Fort am Ende mit seinen Kanonen.

Die Wanderung ist für Hunde gut geeignet.

Die Wanderung kann mit dem Buggy nicht begangen werden.

P Parken am südwestlichen Ende der Rocquaine Bay

mit den Buslinien 91-94 zur Rocquaine Bay

Vom P Parkplatz am südwestlichen Ende der Rocquaine Bay wandern Sie entlang der Strandmauer auf der Straße, bis nach rechts die Rue du Hurel abzweigt, der Sie folgen. Auf diesem Sträßchen gehen Sie leicht aufwärts und an der ersten Kreuzung geradeaus, bis bei einem größeren Anwesen in einer Linkskurve ein Steig nach rechts abzweigt. Dieser führt durch

Vollmondstimmung am Mont Herault Watchhouse

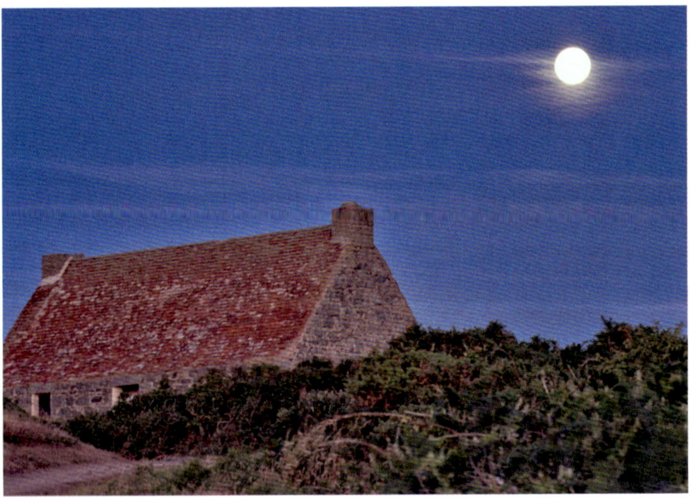

ein Wäldchen hinauf zu einer Straße. Auf dieser gehen Sie kurz nach rechts und biegen gleich wieder nach links ab.

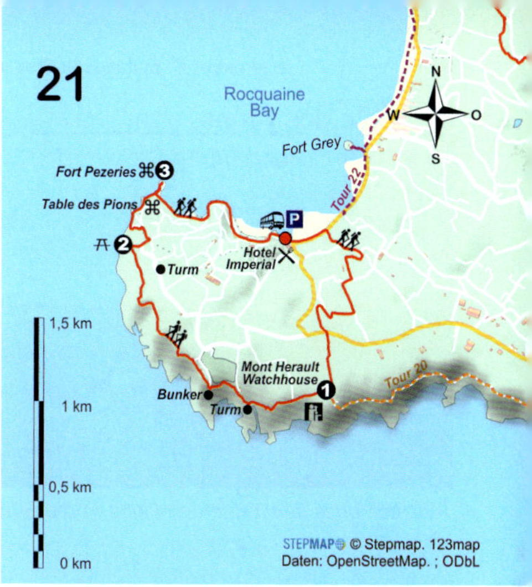

Sie folgen der Straße leicht bergauf, bis nach rechts ein breiter Feldweg abzweigt. Dieser führt zu einer Straße, auf die Sie nach links bergauf abbiegen. Sie überqueren die nächste Hauptstraße und wandern in südlicher Richtung auf dem Sträßchen zum Mont Herault Watchhouse ❶. Hier genießen Sie erst einmal die grandiose Aussicht auf die Steilküste und das Meer. Sie folgen dem Schotterweg kurz nach rechts, biegen dann aber nach links auf den Küstenpfad ab. Durch ein Tälchen wandern Sie hinüber zu einem Beobachtungsturm aus dem Zweiten Weltkrieg.

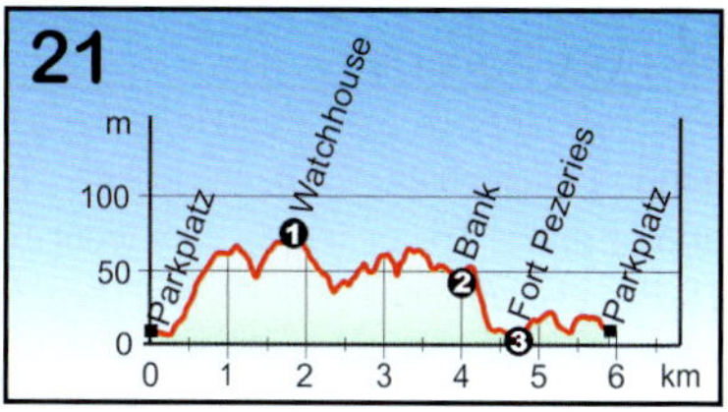

Der Küstenpfad führt mit grandioser Aussicht hinüber zu einem Bunker. Rechts vom Weg können Sie eine alte Kanone aus dem Zweiten Weltkrieg bestaunen. Danach passieren Sie die Überreste des Pleinmont Wacht House und wandern links am Charles Davide Nature Reservat vorbei. Beim Blick aufs Meer können Sie einen Leuchtturm sehen, der die Schiffe vor den Felsen im Meer bewahren soll. Sie wandern wieder an einem deutschen Beobachtungsturm vorbei und genießen eine wunderbare Aussicht auf die Insel Lihou. Der Weg führt hinunter zu einer wunderschön gelegenen Bank ❷. Nach einer kurzen Pause auf der Bank gehen Sie hinunter zum ⌘ Table des Pions und weiter zum ⌘ Fort Pezeries ❸, von dem Sie noch einmal eine schöne Aussicht auf die Rocquaine Bay mit dem ⌘ Fort Grey haben.

⌘ Table des Pions

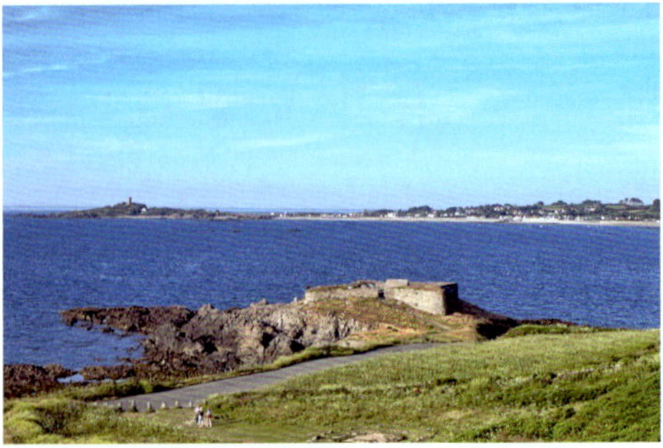

Ausblick über den Table des Pions in die Bucht

Der Table des Pions ist ein Steinring. Er ist in Sagen mit Feen, Hexen und Elfen verbunden und wird dort Feenring genannt. In Wirklichkeit wurde er bis 1837 von Inselbeamten bei der Inspektion von Straßen und Küstenbefestigungen als Picknickbank genutzt.

⌘ Fort Pezeries

Seit 1680 gibt es hier eine Befestigungsanlage. Diese wurde im 18. Jahrhundert ausgebaut. Danach wurde das Fort vernachlässigt und verfiel immer mehr. Später wurde es wieder restauriert. Heute beherbergt es drei 18-Pfund-Kanonen.

Nun wandern Sie auf der Straße entlang der Küste zum P Parkplatz. Nach der Tour können Sie es sich auf der Terrasse des ✕ Hotels Imperial noch schön in der Sonne gemütlich machen und bei einem Getränk die Tour Revue passieren lassen.

✕ Hotel Imperial, Rocquaine Bay, Torteval, GY8 0PS, ☏ 00 44/14 81/26 40 44, www.theimperial.gg, Mo-So 8:00-10:00, Mo-Fr 12:00-14:30, Sa u. So 12:00-15:00, Mo-Sa 18:00-21:30, Anfang März bis Ende Okt auch So 18:00-21:00, Kuchen und Sandwiches außerdem Sa 12:00-17:00 und So 15:00-17:00

22 Zur Insel Lihou

Tour für Vogelliebhaber

Lihou Island ist eine Insel, die an manchen Tagen zu Fuß erreicht werden kann. Dann zieht sich das Meer bei Ebbe für ein paar Stunden so weit zurück, dass Sie hinüberwandern können. Auf der Insel leben jede Menge seltene Vögel, daher sind die Absperrungen zu beachten. Eine Besonderheit ist der Venus Pool, der bei Ebbe zum Baden einlädt.

→ Start: Parken im südlichen Abschnitt der Rocquaine Bay,
GPS N 49°26.128' W 002°39.325'
Ziel: Bushaltestelle Richtung Perelle Bay, N 49°27.507' W 002°38.984'

7,4 km

2 Std.

↑↓ 22 m/25 m

⇧ 0-20 m

nicht markiert, aber problemlos zu finden

Straße, Gehsteig und einfache Wanderwege

In der Nähe des Startpunktes ist das Hotel Imperial (☞ Tour 21), am Ende des Strandes liegt das indische Restaurant Taste of India (km 2,7).

Sitzmöglichkeiten auf der Insel Lihou (ab km 4,3)

Venus Pool (km 4,9)

Die Tour ist für Kinder ab 8 Jahren geeignet. Der Gang zur Insel über einen Weg, der vorher bei Flut unter Wasser war, ist total spannend. Auch das Beobachten von Vögeln macht Spaß.

Die Tour eignet sich nicht für Hunde. Sie sind auf Lihou nicht erlaubt und auch am Strand L'Eree sind Hunde zwischen dem 1. Mai und 30. September verboten.

Die Wanderung lohnt sich nicht mit dem Buggy. Nur der letzte Abschnitt auf dem Gehsteig wäre möglich.

P Parken im südlichen Teil der Rocquaine Bay

mit den Buslinien 91-92 zur Rocquaine Bay, die Linie 91 fährt vom Ziel wieder zurück

Diese Tour können Sie nur begehen, wenn der *causeway* (= Damm) nach Lihou geöffnet ist. Sie beginnen die Wanderung idealerweise 1 Std. 30 Min. vor der Öffnung. Dann ist auch der Abschnitt an der Rocquaine Bay am Strand begehbar. Auf der Straße gibt es nämlich keinen Gehweg.

Die Öffnungszeiten und weitere Informationen zur Insel finden Sie auf dieser Seite 💻 www.gov.gg/lihou.

Vom 🅿 Parkplatz südlich des Fort Grey gehen Sie direkt hinunter zum Strand und wandern über diesen nach Norden bis zum ⌘ Fort, in dem sich ein Museum befindet.

⌘ Fort Grey

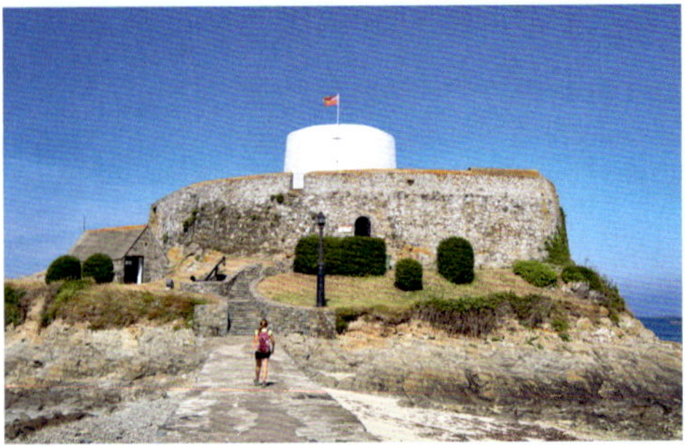

Fort Grey

Beim Fort Grey handelt es sich um einen Martelloturm zur Befestigung Guernseys. Heute befindet sich im Turm das Shipwreck Museum, das eine Vielfalt an Schiffswracks beherbergt, die an der Küste der Insel geborgen wurden.

♦ Shipwreck Museum, ☏ 00 44/14 81/26 50 36, 💻 www.museums.gov.gg/forts, tgl. 10:00-16:30, Eintritt: £ 4 für Erwachsene, £ 1,50 für Kinder

Sie überqueren den *slipway* (= Bootsrampe) und setzen Ihre Wanderung bis zum Ende der weiten Bay fort. Hier bei L'Eree verlassen Sie den Strand; hier liegt auch das Restaurant ✗ Taste of India.

✗ Taste of India, Sunset Cottage, L'Eree, GY7 9LN, ☏ 00 44/14 81/26 45 16, tgl. 12:00-14:00 und 18:00-23:00

Sie folgen der schmalen Straße nach links zu einem kleinen 🅿 Parkplatz. Hier befindet sich der ⌘ Creux Faies Dolmen ❶.

⌘ Creux Faies Dolmen

Der Dolmen ist sehr gut erhalten und stammt aus der Zeit 2500 bis 3000 v. Chr. In Sagen wurde er oft als Zugang zum Feenreich benannt.

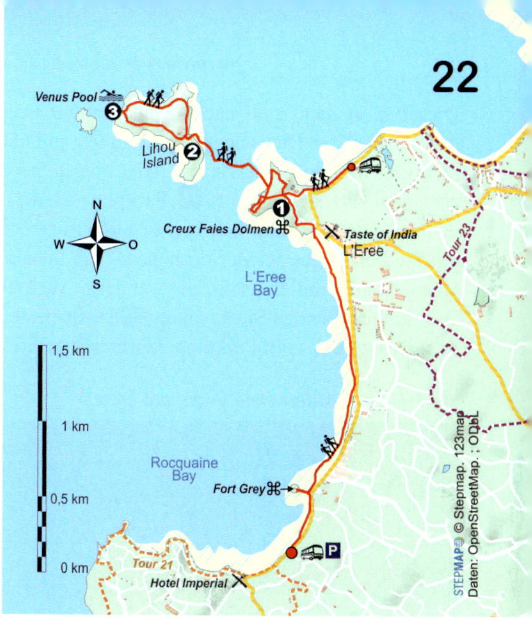

Vom Parkplatz gehen Sie auf dem Sträßchen weiter zu einem weiteren P Parkplatz direkt vor dem Fahrverbotsschild. Sie können noch nach links hinaus zur L'Eree Battery und in einem kleinen Rundbogen zurück zur Straße gehen. Ist der causeway geöffnet, wandern Sie auf diesem hinüber zur Insel Lihou ❷. Achten Sie aber auf die Öffnungszeiten für den Rückweg. In Lihou gehen Sie hinauf zum Lihou House und folgen dem Pfad nach links.

Im Frühjahr brüten Vögel in den Wiesen, daher sind diese Bereiche abgesperrt. Beachten Sie bitte die Absperrungen, um die Vögel zu schützen.

Sie wandern vorbei an den Überresten eines Klosters und blicken hinaus zum Hanois Lighthouse. Der Weg biegt am Ende der Insel nach rechts ab. Links unterhalb in den Felsen sehen Sie den Venus Pool ❸, der sich bei Flut füllt. In dem Felsenbassin können Sie dann bei Ebbe schwimmen, was wirklich empfehlenswert ist.

Anschließend wandern Sie im Bogen um die Insel herum und können gerade auf der Nordseite die vielen Vögel beobachten – hier befindet sich ein Ramsar-Schutzgebiet (die Ramsar-Konvention ist eines der ältesten Naturschutzabkommen zum Schutz von Feuchtgebieten). Sie gehen zurück zum Lihou House und wandern über den causeway zurück zum Festland. Direkt am Beginn der Teerstraße gehen Sie auf einem Steig nach links.

Dieser führt dann steil nach rechts bergauf in Richtung eines Beobachtungsturmes der Deutschen. Sie kommen zu Gräben und gehen hier nach rechts bis unterhalb des Turmes. Hier biegen Sie wieder nach rechts ab und erreichen die Straße beim P Parkplatz in der Nähe des Dolmens. Sie nehmen nun die linke (nördliche) Straße und wandern zur Küstenstraße, die Sie bei L'Eree wieder erreichen. Nun können Sie noch ein Stück auf einem Steig parallel zur Straße wandern. Auch hier brüten oft Vögel. Die Wanderung beenden Sie an einer Bushaltestelle, von der Sie direkt mit dem Bus zurück zum Parkplatz fahren können.

Im Frühjahr brüten viele Vögel auf Lihou

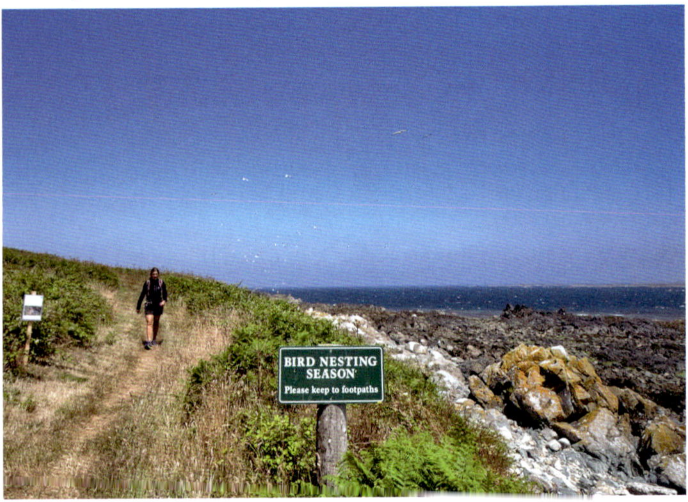

㉓ Von der Perrelle Bay zum St Saviour Reservoir

Tour für Ruhesuchende

Das St Saviour Reservoir, ein großer Stausee, liegt im Landesinnern von Guernsey. Sie wandern von der Perelle Bay zum Stausee. Hier ist es deutlich ruhiger als auf den Wanderungen an der Küste. Über einen Pfad erreichen Sie St Saviour und die idyllische gelegene Auberge Du Val.

- Start/Ziel: Parkplatz am Le Trepied Dolmen, GPS N 49°27.635' W 002°38.578'
- 9,4 km
- 2 Std. 30 Min.
- 106 m/106 m
- 4-78 m
- Nicht markiert, daher sollten Sie sehr genau auf die Beschreibung achten.
- Straßen und schmale Wanderwege
- Einkehrmöglichkeit in der Auberge Du Val (km 4,1)
- Sitzmöglichkeiten am St Saviour Reservoir (km 2)
- Die Tour ist für Kindern ab 10 Jahren geeignet, allerdings aufgrund der Teerabschnitte nicht so spannend.
- Die Tour ist für Hunde geeignet, allerdings gibt es viele geteerte Abschnitte.
- Die Wanderung lohnt sich nicht mit dem Buggy, da sich immer wieder Straßen mit schmalen Wegen abwechseln.
- Parken am Le Trepied Dolmen
- mit den Buslinien 42, 91 oder 92 zum Le Trepied Dolmen

Sie parken am P Parkplatz unterhalb des ⌘ Le Trepied Dolmen und folgen der Straße in Richtung Perelle Bay.

⌘ Le Trepied Dolmen

Vom Le Trepied Dolmen genießen Sie einen wunderbaren Ausblick auf die Perelle Bay. In alten Berichten wird er als Freitagnachmittagstreffpunkt für Hexen genannt und der Teufel thront dabei als schwarze Ziege auf dem Deckstein.

Leider endet der Gehsteig bald, sodass Sie 500 m auf der Straße gehen müssen. Alternativ könnten Sie auch den ersten Abschnitt mit dem Bus bis zur Perelle Bay fahren.

Im Ort nehmen Sie gleich die erste Straße nach rechts. Sie folgen der Rue Perelle nur kurz und biegen gleich wieder nach links ab in die Rue des Crabbes. Sie gehen weiter auf der Straße, ignorieren einen ersten Abzweig nach rechts und erreichen einen Pfad, der nach rechts abbiegt. Dieser verläuft entlang eines kleinen Bächleins. Mittendrin überqueren Sie den Bach und erreichen die Straße La Grande Rue. Diese überqueren Sie und folgen gegenüber dem Sträßchen bergauf bis zu einer Verzweigung. Hier gehen Sie nach links zum P Parkplatz am St Saviour Reservoir ❶. Vom Staudamm haben Sie einen tollen Blick auf den See. Am Ufer führt ein Weg in südlicher Richtung bis zum Ende des Sees. Auf einer kleinen Brücke überqueren Sie einen Zufluss und wandern wieder nach links. Oberhalb des Sees führt der nette Steig in Richtung einer Einbuchtung. Der Weg dreht wieder nach Süden, führt kurz aus dem Wald heraus und bringt Sie zu einer schmalen Straße. Hier gehen Sie nach links, bis nach rechts ein Pfad abzweigt. Diesem folgen Sie durch den Wald bis zu einem großen, weißen Haus. Sie gehen daran vorbei zu einer kleinen Straße. Diese überqueren Sie

Das St Saviour Reservoir

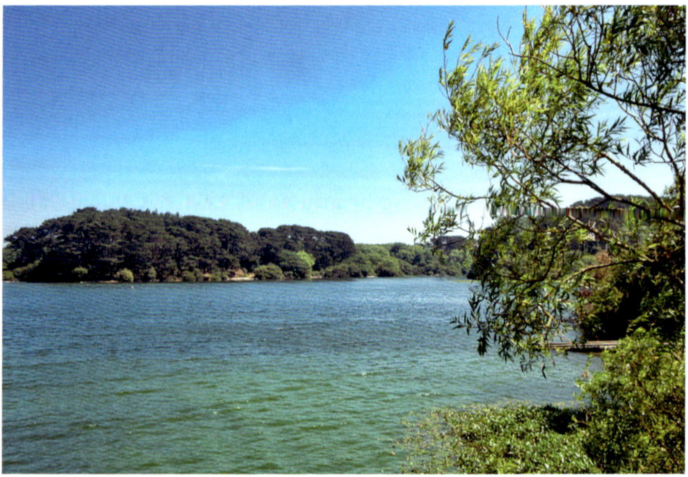

nach schräg links und erreichen bald eine zweite Straße, direkt an der ✝ Kirche von St Saviour ❷.

Nun gehen Sie auf dem Gehsteig nach rechts, bis ein Steig in einer Schleife hinunter zu einer Wiese führt. Sie spazieren nach links zur ✕ Auberge Du Val. Hier können Sie einkehren und den schönen Kräutergarten bewundern.

✕ Auberge Du Val, Route de Sous l'Eglise, St Saviour, GY7 9FX,
☏ 00 44/14 81/26 38 62, 💻 www.aubergeduval.com,
✉ aubergeduval@yahoo.com, 🚪 Di-So 12:00-14:00 und 19:00-21:00

Anschließend folgen Sie der Straße bergauf. Sie nehmen die zweite Straße, die nach rechts abzweigt, und wandern auf dieser durch ein kleines, sonniges Tälchen. Von links mündet eine weitere Straße ein, Sie ignorieren einen Abzweig nach rechts und kommen zu einer weiteren Straßenteilung. Hier gehen Sie nach rechts bis zu einer Querstraße. Sie biegen nach links ab und erreichen die Route des Paysans. Diese viel befahrene Straße überqueren Sie langsam und gehen auf die geradeaus führende, schmale Straße ❸. Rechts von Ihnen im Feld sehen Sie den ⌘ Menhir Longue Pierre stehen, zu dem Sie einen Abstecher unternehmen können.

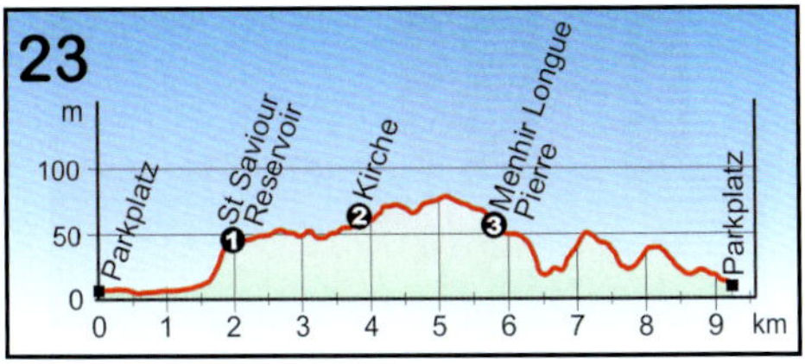

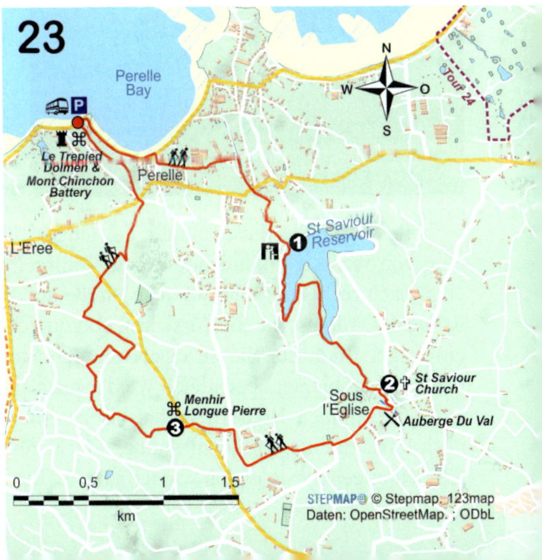

⌘ Menhir Longue Pierre

Der Menhir ist mit einer Höhe von 3,5 m der höchste Standing Stone auf den Kanalinseln. Er wiegt 5 t.

La Longue Pierre etwas abseits des Weges

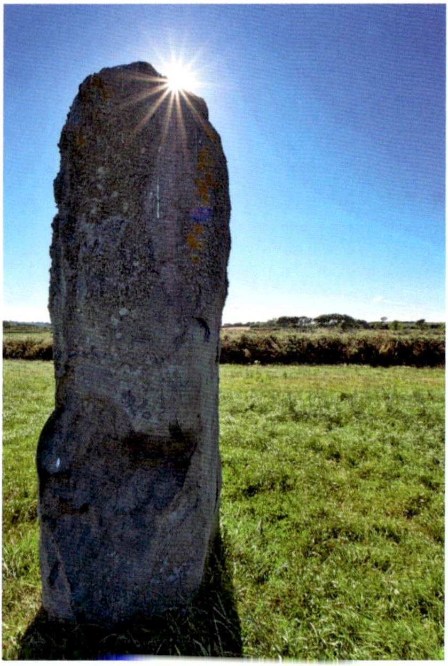

Anschließend gehen Sie geradeaus, ignorieren die ersten drei Abzweigungen, bis Sie nach links abbiegen. Sie gehen an einem Haus vorbei und biegen direkt nach rechts auf einen Pfad ab. Dieser bietet Ihnen einen schönen Ausblick auf das Meer. Der Pfad erreicht wieder eine Straße, auf der Sie nach rechts gehen. Der nächsten Straße folgen Sie nach links, bis nach einer Mauer ein Feldweg nach rechts abzweigt. Auf diesem gehen Sie leicht bergauf und dann nach rechts zu einer Straße. Sie gehen zuerst geradeaus, die Straße macht dann aber einen Bogen nach links und führt zu einer Querstraße.

Nun folgen Sie dieser Straße ein langes Stück nach links, ignorieren eine von rechts einmündende Straße und biegen in einem kleinen Wäldchen nach rechts auf eine schmale Straße ab. Auf dieser gehen Sie bis zur Route des Adams, die Sie vorsichtig überqueren. Genau gegenüber beginnt ein uriger Pfad, der Sie zu einer weiteren Straße bringt. Sie gehen kurz nach rechts, biegen aber gleich wieder nach links ab. Die Straße führt an ein paar schönen Häusern vorbei bis zu einer Straßenteilung. Sie gehen nach links zu einer größeren Straße, die Sie überqueren. An der folgenden Kreuzung gehen Sie gleich wieder nach rechts in Richtung der Sackgasse.

Nach einem Anwesen mit Hundeskulpturen betreten Sie einen Pfad, der Sie zu einer schönen Aussichtswiese mit Blick auf die Perelle Bay bringt. Hier gehen Sie geradeaus weiter zum ⌘ Le Trepied Dolmen und der Mont Chinchon Battery, die im Jahre 2008 renoviert wurde.

Der Trepied Dolmen

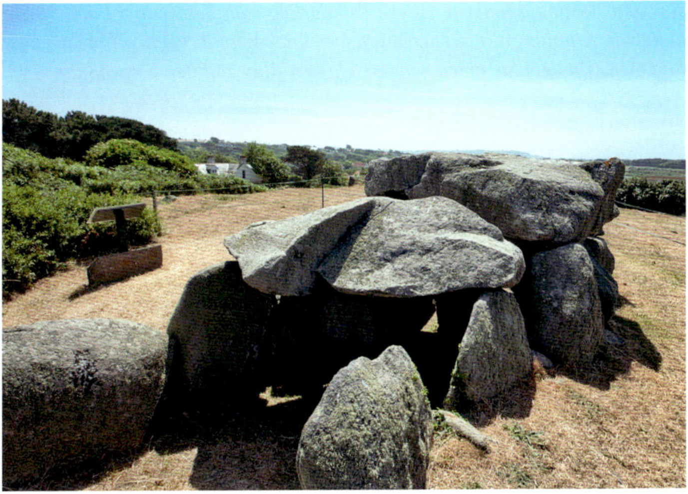

Nach der Besichtigung der beiden historischen Objekte gehen Sie hinunter zur Straße und nach rechts zurück zum Parkplatz (oder links zur Bushaltestelle).

24 Von der Vauzon Bay zum Sausmarez Park

Tour für Parkliebhaber

Die zwei Sandstrände der Vauzon und der Cobo Bay im Norden von Guernsey sind Ausgangspunkt für diese Wanderung zum Sausmarez Park, einem beliebten Erholungsort auf der Insel. Der Rückweg führt zum Aussichtspunkt Le Guet, von dem Sie einen wunderschönen Blick auf den Strand haben.

- Start/Ziel: Parkplatz an der Surfschule am Strand der Vauzon Bay, GPS N 49°28.271' W 002°36.380'
- 12,4 km
- 3 Std. 15 Min.
- 50 m/50 m
- 0-49 m
- Nicht markierte Wege, daher sollten Sie gut auf die Beschreibung achten.
- Straßen und schmale Wanderwege
- Einkehrmöglichkeit im Tea Room im Sausmarez Park (km 5,7) sowie an den Stränden der Vauzon am Beginn und Ende der Wanderung und am Strand der Cobo Bay (km 2,8)
- Sitzmöglichkeiten im Sausmarez Park (km 5,7)
- Die Tour ist für Kinder ab 10 Jahren geeignet. Im Sausmarez Park kann man schön spielen. Auch das Fort Hommet lädt zum Verstecken ein.
- Die Tour ist für Hunde geeignet, allerdings gibt es viele Abschnitte mit Teer. Die Strände der Cobo Bay und der nördliche Teil des Strandes von der Vauzon Bay sind für Hunde vom 1. Mai bis zum 30. September gesperrt.
- Die Wanderung lohnt sich nicht mit dem Buggy, da sich immer wieder Straßen mit schmalen Wegen abwechseln.
- P Parken an der Surfschule am Strand der Vauzon Bay
- mit den Buslinien 42, 91 oder 92 zur Vauzon Bay

Sie starten am P Parkplatz an der Surfschule am Strand der der Vauzon Bay. Hier befindet sich auch das Vistas Beach Café.

Vistas Beach Café, Vazon Coast Road Castel, GY5 7BF, ☏ 00 44/14 81/25 25 13, Mo-Sa 8:30-21:00, So 8:30-18:00

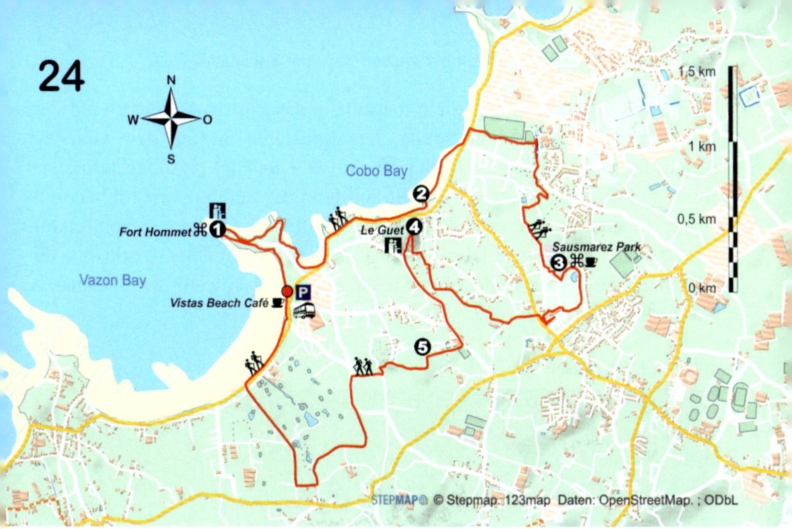

Sie wandern erst einmal in nördlicher Richtung hinaus zum ⌘ ❶ Fort Hommet.

⌘ Fort Hommet

Bereits 1680 gab es an der Stelle des heutigen Fort Hommet eine Befestigungsanlage. Nach dem Invasionsversuch von Jersey durch die Franzosen wurden die Befestigungsanlagen auf Guernsey ausgebaut. Später erhielt das Fort einen Martelloturm und wurde in der viktorianischen Zeit noch einmal deutlich ausgebaut. Im Zweiten Weltkrieg wurde das Fort von den deutschen Besatzern zum Stützpunkt Rotenstein ausgebaut. Nach der Befreiung der Kanalinseln wurden die Metallteile wieder entfernt. Das Fort ist frei zugänglich.

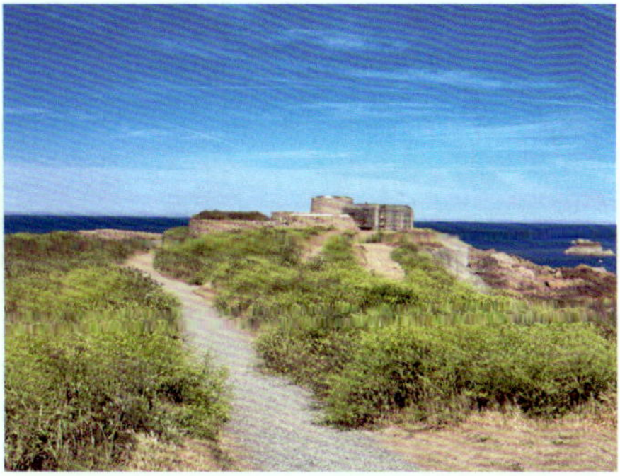

Auf dem Weg nach Fort Hommet

Sie genießen die Aussicht, bestaunen das Fort und wandern auf der östlichen Seite zurück zur Straße. Jetzt spazieren Sie auf dem Gehweg neben der Straße in die Cobo Bay ❷. Am Kiosk (tagsüber normalerweise geöffnet) können Sie zum Strand hinunter und auf diesem bis zum *slipway* wandern. Andernfalls bleiben Sie am Gehweg und gehen hinauf bis zu einer Kreuzung. Hier befindet sich an einem Supermarkt ein P Parkplatz. An dessen Ende sehen Sie ein Schild, das Sie auf den Sausmarez Nature Trail schickt.

Blick auf Cobo Bay

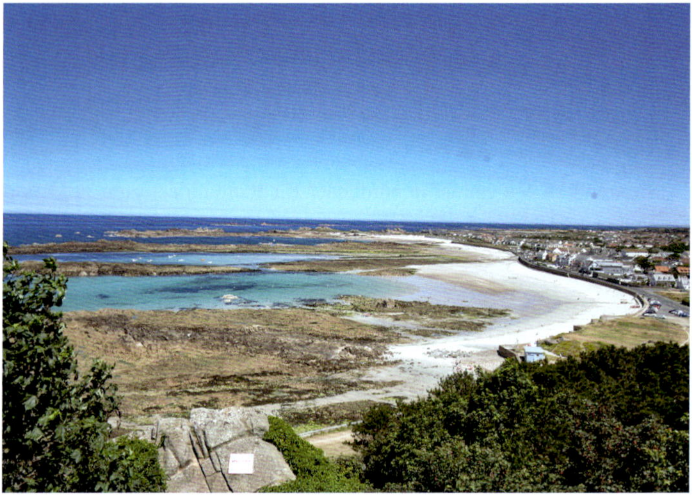

Der Pfad führt am Sportplatz vorbei und in den Wald hinein. An einer Wegteilung halten Sie sich rechts und wandern durch den ursprünglichen Wald zur Straße, die von einer altertümlichen Brücke überspannt wird. Sie überqueren vorsichtig die Straße und wandern weiter durch den Wald. Der Weg macht einen Bogen nach rechts und bringt Sie zu einer Wegteilung. Hier gehen Sie nach links, kommen an einer Wiese vorbei und gehen geradeaus zu einer Straße. Direkt vor der Straße biegt ein Steig nach links ab. Auf diesem Steig, parallel zur Straße, wandern Sie nach Süden. An seinem Ende kommen Sie auf ein Sträßchen, gehen nach links und weiter geradeaus zum P Parkplatz vom Sausmarez Park ❸. Sie überqueren den Parkplatz nach links und folgen einem Weg zu einer Wegkreuzung. Hier wenden Sie sich gleich nach links und erreichen die japanische Pagode am See. Sie folgen dem Weg durch den Park zum Tea Room und dem ⌘ Folk Museum.

⌘ Sausmarez Park mit Tearoom und Museum

Der Sausmarez Park ist eines der wichtigsten Erholungsgebiete für die Inselbewohner. Hier wachsen Kamelien und Magnolien. Er ist der größte öffentliche Park auf Guernsey und besonders bei Familien sehr beliebt. Im Park befindet sich ein Volkskundemuseum sowie ein Café. Der Park ist täglich von morgens bis abends geöffnet.

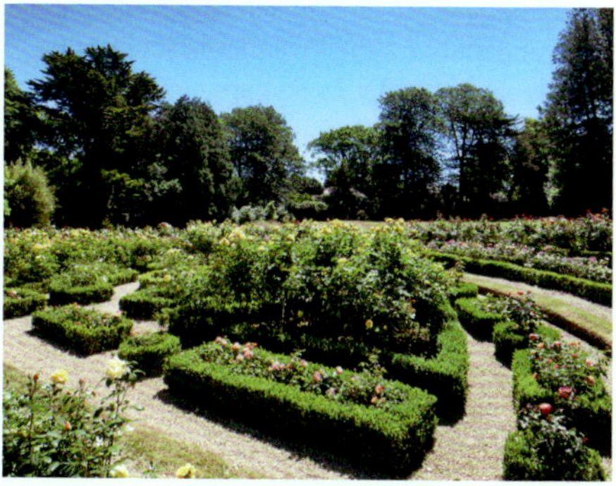

Rosenbeete im Sausmarez Park

⌘ Anfang April bis Ende Okt Mo-Sa 10:00-17:00, So 11:00-15:00, Eintritt: £ 6 für Erwachsene, £ 2 für Kinder

9:00-18:00

Sie sollten auch noch die anderen Gärten wie den Victoria Garden und den Rosengarten besichtigen.

Direkt hinter dem Folk Museum führt ein Durchlass auf die Route de Cobo. Gegenüber beginnt eine verkehrsberuhigte Straße. Sie überqueren vorsichtig die Hauptstraße und folgen der kleinen Straße, bis nach rechts ein Steig abzweigt. Dieser bringt Sie zu einem Sträßchen, auf dem Sie geradeaus gehen. Sie biegen in die Ruette des Marottes nach rechts ab und nehmen in einer leichten Rechtskurve einen Pfad nach links. Auf diesem wandern Sie bis zu einer Wegteilung. Hier gehen Sie nach links zu einer Teerstraße. Nun wandern Sie nach rechts zum P Parkplatz und hinauf auf Le Guet ❹ mit dem Watchhouse, von dem Sie einen herrlichen Blick auf die Cobo Bay haben.

Nachdem Sie die Aussicht bewundert haben, gehen Sie in südlicher Richtung zur Rue de la Masse und wandern auf dieser bis zur Castel-Schule. Hier biegen Sie nach rechts in die Rue de St Germain ab. Wo die Straße einen Rechtsbogen macht, gehen Sie durch ein Gatter und folgen dem St Germain Nature Trail nach links ❺. Der Weg macht einen Bogen nach rechts und führt immer geradeaus zu einer Straße. Auf dieser gehen Sie kurz nach links und gleich wieder nach rechts zur Rue de la Vielle Mare. Jetzt könnten Sie direkt nach rechts entlang der viel befahrenen Straße zum Ausgangspunkt zurückwandern. Schöner ist es aber, der Straße nach links zu folgen und in der Linkskurve geradeaus auf eine verkehrsberuhigte Straße zu gehen. Dieser folgen Sie in einem Rechts- und Linksbogen, bis ein schmales Sträßchen nach rechts abzweigt. Auf diesem gehen Sie weiter, bis nach rechts ein Pfad abzweigt. Auf diesem wandern Sie nun in nördlicher Richtung. Der Weg führt durch das Gelände eines Golfplatzes bis zu einer Straße. Nun gehen Sie hinauf zur Vauzon Road, überqueren diese und wandern nach rechts entlang der Strandmauer – oder am Strand – zurück zum Ausgangspunkt bei der Surfschule.

Schöner Blick von Fort Hommet

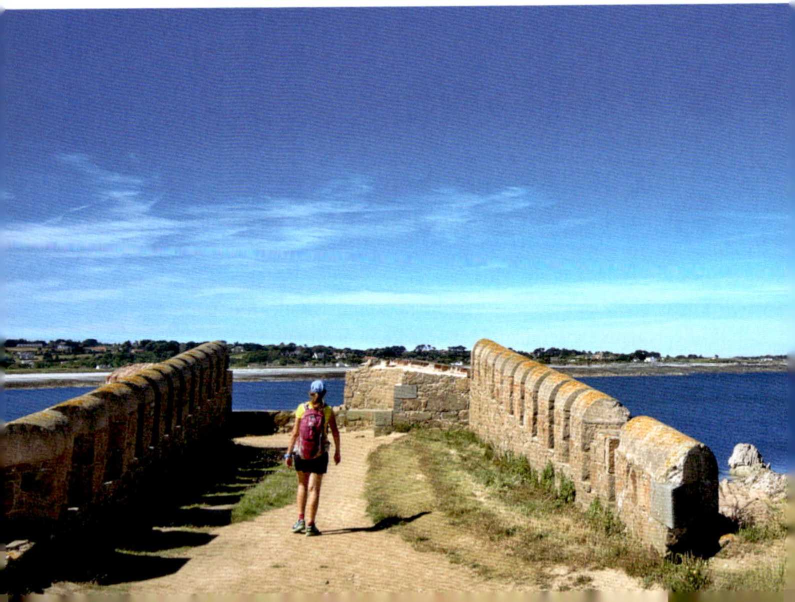

㉕ Durch das Talbot Valley

Tour für Entschleuniger

Bei der Wanderung durch das Talbot Valley handelt es sich um eine beschauliche Wanderung im Landesinneren von Guernsey. Ruhige Straße, schattige Wälder und auch einmal ein Pfad sorgen für eine schöne Abwechslung. Höhepunkt der Wanderung ist die kleine Little Chapel, die unweit des Ausgangspunktes liegt.

Start/Ziel: Parkplatz in der Nähe der Little Chapel, GPS N 49°26.498' W 002°35.234'

6,4 km

1 Std. 45 Min.

↑↓ 89 m/89 m

27-79 m

Nicht markierte Wege, einfach zu finden. Trotzdem sollten Sie gut auf die Beschreibung achten.

Straßen und schmale Wanderwege

keine Einkehrmöglichkeiten unterwegs

keine Sitzmöglichkeiten unterwegs

Die Tour ist für Kinder ab 8 Jahren geeignet. Der Weg ist zwar nicht besonders aufregend, aber dafür nicht besonders lang.

Die Tour ist für Hunde trotz einzelner Teerabschnitte geeignet.

Der erste Abschnitt der Wanderung bis in die Nähe von Le Preel verläuft auf Teerstraßen und kann mit dem Buggy begangen werden (km 2,5 einfach).

P Parken bei der Little Chapel

mit den Buslinien 71 zur Little Chapel

Vom P Parkplatz in der Nähe der Little Chapel wandern Sie entlang der Straße nach Westen, bis nach rechts ein schmales Sträßchen abzweigt. Dieses bringt Sie durch ein Tälchen zu einer T-Kreuzung. Hier biegen Sie nach links ab und erreichen die Candie Road, die Sie vorsichtig überqueren. Die geradeaus führende Straße nimmt Sie bergab mit zu einer Mühle und zur Straße im Talbot Valley. Sie gehen hier kurz ein Stück nach links, bis nach rechts die Rue du Torval abzweigt. Auf dieser spazieren Sie leicht bergauf zu einer T-Kreuzung.

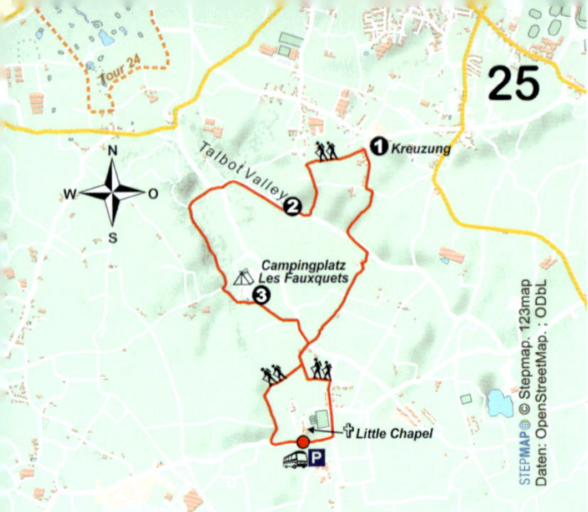

Sie gehen kurz nach links, biegen dann aber gleich wieder nach rechts ab und gehen weiter, bis Sie an eine weitere Kreuzung kommen ❶. Hier beginnt ein Steig, der nach links zwischen den Feldern hindurchführt. An seinem Ende erreichen Sie wieder eine Straße, in die Sie für ein kurzes Stück nach links einbiegen. Bei einer Linkskurve zweigt nach rechts wieder ein Steig ab, der steil hinunter ins Talbot Valley führt. Über eine kleine Wegschleife erreichen Sie die Straße im Tal ❷.

Nun folgen Sie der Route des Talbots nach rechts. Die ersten beiden Abzweige ignorieren Sie, bis nach links die Straße Moulin de Haut Mill abzweigt. Nach den Gebäuden wird die Straße zu einem Weg und führt durch ein schönes, beschauliches Waldstück.

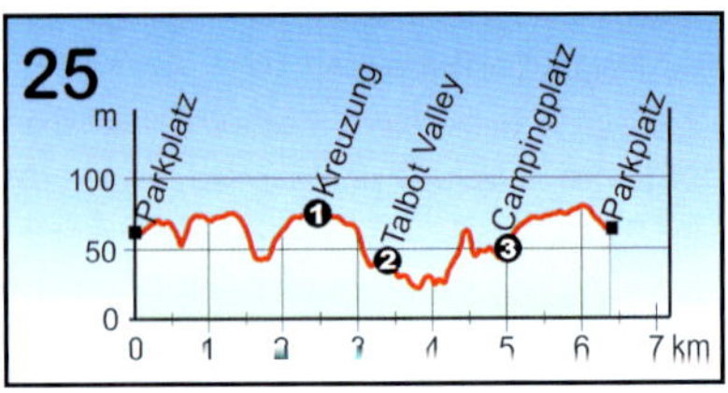

Sie erreichen wieder eine Straße, die am Campingplatz Les Fauxquets vorbeiführt ❸. Sie folgen der Rue des Fauxquets nach links, passieren dabei eine Cider Farm und erreichen wieder die Candie Road.

Dieser folgen Sie nach rechts, bis Sie an die Wegkreuzung vom Hinweg gelangen. Hier gehen Sie kurz nach rechts bis zur Kreuzung mit der Ruette des Vauxbelets. Nun gehen Sie geradeaus und gelangen nach einer Linkskurve an eine weitere Kreuzung. Hier spazieren Sie nach rechts und erreichen die stark befahrene Route des Blicqs. Sie gehen geradeaus am Schulgebäude vorbei und dann nach rechts zum P Parkplatz an der ✝ Little Chapel.

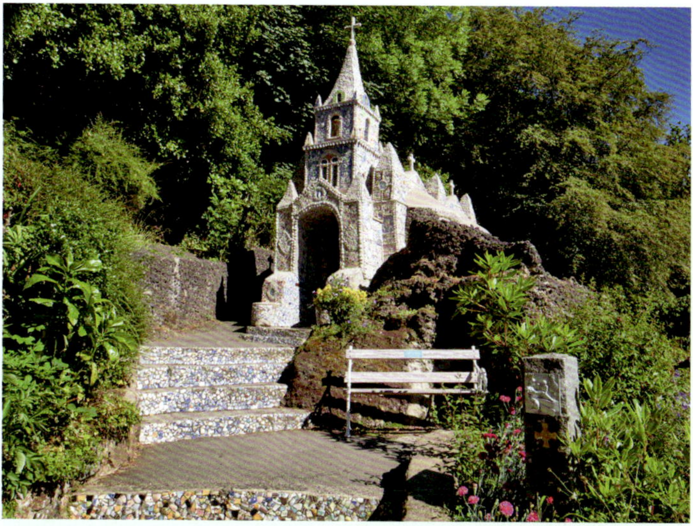

Die Little Chapel

✞ Little Chapel

Die kleine Kapelle wurde erstmals 1914 erbaut. Für seine Erbauung war Bruder Déodat verantwortlich, der eine Miniaturversion der Kapelle von Lourdes nachbauen wollte.

Die erste Version wurde derart kritisiert, dass er sie über Nacht wieder abriss.

Im Juli 1914 gab es eine zweite Version, die bis 1923 erhalten blieb. Dann riss er auch sie wieder ab, da der Bischof von Portsmouth nicht durch die Tür passte.

Heute sehen Sie die dritte Kapelle, die Bruder Déodat im Nachgang baute. Der Bau mit den vielen Kieselsteinen und dem zerbrochenen Porzellan war sehr mühsam.

Die Kirche kann jederzeit betreten werden. Vor der Kirche bittet man um Spenden für dieses großartige Kunstwerk.

26 Von Port Soif zur Pembroke Bay

Tour für Archäologen

Die Wanderung entlang der sanften Nordküste bringt Sie zu drei Dolmen und lässt somit viel Entdeckergeist aufkommen. Die Küstenabschnitte sind sehr schön und die Tour ist relativ gemütlich, da sie ziemlich flach ist. Einzig die Mülldeponie am letzten Abschnitt stört das Bild ein wenig.

→ Start: Parkplatz am Sunflower Kiosk bei Port Soif, GPS N 49°29.343' W 002°34.695'; Ziel: Pembroke Bay, GPS N 49°30.209' W 002°31.983'

10,7 km

2 Std. 45 Min.

↑↓ 24 m/24 m

⇧ 0-17 m

nicht markierte Wege, einfach zu finden

Gehsteige und schmale Wanderwege, ohne Probleme

Einkehrmöglichkeiten am Beginn der Tour und am Ende der Tour, unterwegs an den Stränden gibt es ebenfalls immer Kioske (z. B. km 3,7, 6 und 7,8).

immer wieder Sitzmöglichkeiten unterwegs

Strand der Pembroke Bay am Ende der Wanderung

Die Tour ist für Kindern ab 10 Jahre geeignet. Man kann die Tour für kleinere Kinder auch abkürzen. Das Spielen am Strand macht viel Spaß und auch das Suchen der Dolmen.

Die Tour ist für Hunde geeignet. Die Strände Port Soif, L'Ancresse und der an der Pembroke Bay sind für Hunde allerdings vom 1. Mai bis zum 30. September gesperrt.

Entlang der Straße, die an der Nordküste verläuft, gibt es einen Gehweg, der mit dem Buggy befahren werden kann. Allerdings ist die Straße stark befahren, daher nur bedingt zu empfehlen.

P Parkplatz am Sunflower Kiosk bei Port Soif

Mit den Buslinien 91 oder 92 nach Port Soif. Die Rückfahrt erfolgt mit den gleichen Buslinien.

Sie P parken am Kiosk bei Port Soif und folgen dem Spazierweg in östlicher Richtung an der Küste entlang.

Port Soif Kiosk, ☏ 00 44/14 81/25 37 09, tgl. 9:00-18:00

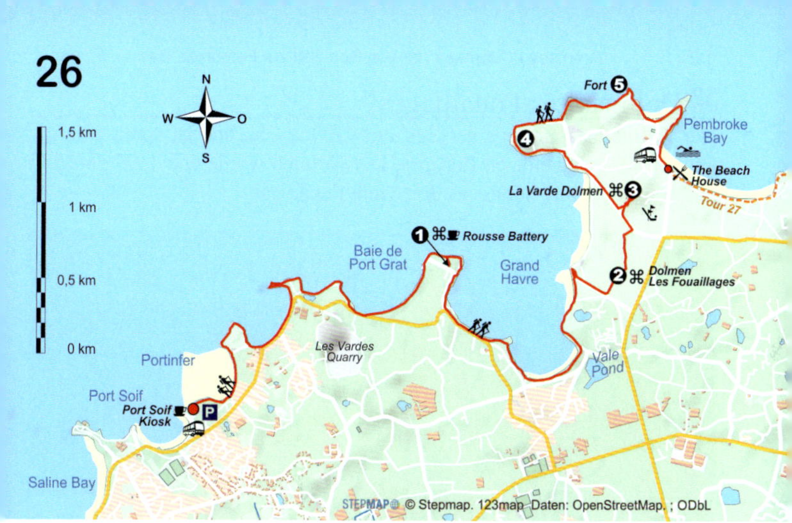

Der gemütliche Weg führt an der Küste um eine kleine Halbinsel herum. Sie kommen zur Straße, an der Sie kurz weiter entlanggehen. Bald schon zweigen Sie auf das Weglein nach links ab und wandern hinaus zu einem Felsen, der ins Meer reicht. Anschließend gehen Sie nach rechts zu einem **P** Parkplatz. Bald erreichen Sie die Baie de Port Grat und wandern an der Bucht entlang zu einem weiteren **P** Parkplatz und wenig später zu einem ⌘ Martelloturm (Rousse Battery) mit ☕ Kiosk ❶.

⌘ Rousse Battery mit Kiosk

Bei der Battery handelt es sich um einen napoleonischen Turm und einer kleinen Festung. Hier befindet sich auch ein Kiosk für Erfrischungen.

Kiosk tgl. 10:00-17:30

Der Weg führt nun wieder zur Straße und parallel zu dieser um die große Bucht Grand Havre. Nach einem **P** Parkplatz wandern Sie parallel zu einer kleinen Straße in nördlicher Richtung zu einem weiteren **P** Parkplatz mit Spielplatz. Jetzt könnten Sie am Ufer geradeaus weitergehen. Interessanter ist aber der Abstecher zum Dolmen Les Fouaillages.

Hierfür gehen Sie auf der schmalen Les Amarreurs Road ein Stück in Richtung Vale Church und biegen an einem Schild nach links ab. Der Steig bringt Sie direkt zum ⌘ Dolmen ❷.

⌘ Dolmen Les Fouaillages

Der Dolmen stammt aus der Zeit um 4500 v. Chr. und ist somit eine der ältesten Megalithanlagen Europas. Der Dolmen wurde erst 1977 entdeckt und war unberührt, sodass es dort viele Funde gab.

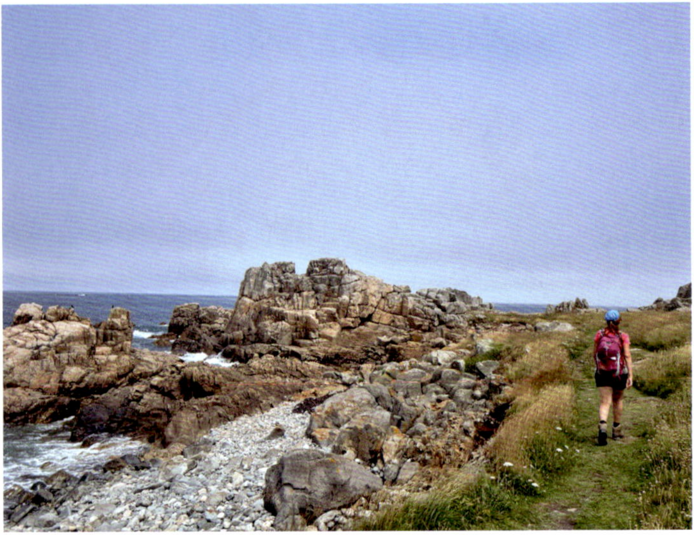

Immer wieder gibt es Felsen an denen man vorbei wandert

Wenige Meter dahinter befindet sich ein zweiter Dolmen. Sie sind nun auf einem Weg, der zum Golfplatz gehört. Um nicht wieder alles zurückgehen zu müssen, spazieren Sie einfach geradeaus zur Mont Cuet Road.

✋ Achtung: fliegende Golfbälle!

Auf der Straße gehen Sie kurz nach links und biegen dann nach rechts auf Steigspuren ab, die über Stufen bergauf führen. Sie steuern den deutlich sichtbaren ⌘ Millennium Stone an. Direkt dahinter befindet sich der ⌘ La Varde Dolmen ❸.

⌘ La Varde Dolmen

Der La Varde Dolmen ist die größte Megalithanlage auf den Kanalinseln. Er besteht aus einer 10 m langen Kammer, die am Ende 3,6 m breit ist. Der größte Deckstein hat ein Gewicht von 10 t. Der Dolmen wurde 1811 entdeckt. Funde deuteten auf Bestattungen in der Kammer hin. Der benachbarte Millennium Stone wurde 1999 errichtet.

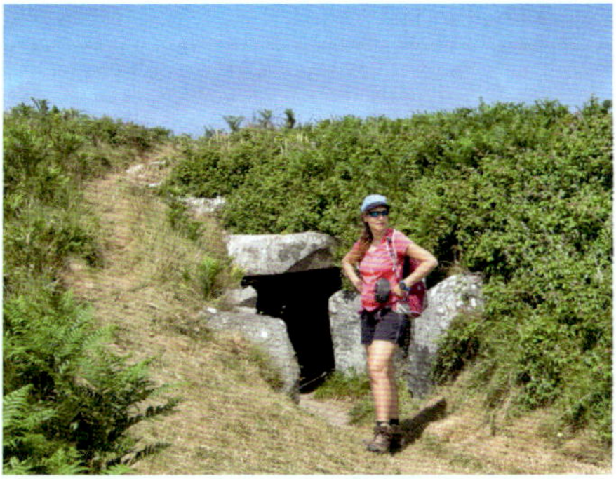

Am La Varde Dolmen

Nach Besichtigung des Dolmens gehen Sie zurück zur Straße und auf dieser nach rechts bis zur Küste, die Sie bei einem P Parkplatz erreichen. Hier biegen Sie nach links ab und folgen einem Weg, der an einem Martelloturm vorbeiführt. Sie spazieren hinaus zur Landzunge ❹ und folgen dem Weg, der an der Küste entlangläuft. Dabei richten Sie eher den Blick nach links, da sich rechts die Mülldeponie von Guernsey befindet. Sie kommen an einem Vogelbeobachtungspunkt vorbei, der allerdings bei unserem Besuch ziemlich zugewachsen war.

Sie wandern weiter entlang der Küste zu einem alten Fort ❺, das sich in Privatbesitz befindet, und erreichen bald an der Küste entlang die Pembroke Bay. Hier können Sie baden, im ✕ The Beach House einkehren und anschließend mit dem Bus Linie 92 zurück nach Port Soif fahren.

✕ The Beach House, Pembroke, Vale, GY3 5BY, ☏ 00 44/14 81/24 64 94, www.beachhouseguernsey.com, Di-Fr 11:00-20:00, Sa/So 9:00-20:00

27 Von der Pembroke Bay zum Bordeaux Harbour

Tour für Gemütliche

Die Wanderung verläuft über einen schönen, wenn auch nicht sehr spektakulären Teil der Nordküste. Dabei kommen Sie an dem wohl beeindruckendsten Dolmen auf Guernsey vorbei. Den Abschluss bildet ein gemütliches Dahinschlendern bis zu einem Kiosk am Strand.

→ Start: Parkplatz Pembroke Bay, GPS N 49°30.209' W 002°31.983';
Ziel: Bushaltestelle „Bordeaux Harbour“, GPS N 49°29.228' W 002°30.566'

6,5 km

1 Std. 45 Min.

↑↓ 15 m/17 m

⇧ 1-16 m

Nicht markierte Wege, einfach zu finden. Am Ende sollten Sie auf die Beschreibung achten.

Gehsteige und schmale Wanderwege, ohne Probleme

Einkehrmöglichkeiten abseits des Weges in der Nähe des Ausgangspunktes, Kiosk am Ende der Tour

immer wieder Sitzmöglichkeiten unterwegs

Die Tour ist für Kinder ab 8 Jahren geeignet. Sie ist kurz und daher nicht anstrengend. Der unterirdische Dolmen ist aufregend.

Die Tour ist für Hunde geeignet.

Da es immer wieder Pfadabschnitt gibt, ist die Tour für Buggys nicht zu empfehlen.

P Parkplatz in der Pembroke Bay

Mit den Buslinien 11, 12, 91 oder 92 zur Pembroke Bay. Die Rückfahrt erfolgt mit den gleichen Buslinien.

Vom P Parkplatz an der Pembroke Bay wandern Sie in östlicher Richtung entlang des Strandes und biegen dann an einem weiteren P Parkplatz nach Norden ab. Der Weg führt rechts um einen Felskopf herum zum nächsten P Parkplatz.

Sie sehen bereits das ⌘ Fort Le Marchant, Ihr nächstes Ziel. Auf bequemen Weg laufen Sie hinüber.

✋ Achtung: Hier befindet sich auch ein Schießstand. Wenn die rote Flagge gehisst ist, darf man den Bereich nicht betreten. Dann gehen Sie vorher nach rechts zur Fontenelle Bay.

Vom Fort wandern Sie an der Küste entlang der Fontenelle Bay bis zum ⌘ Fort Doyle ❶.

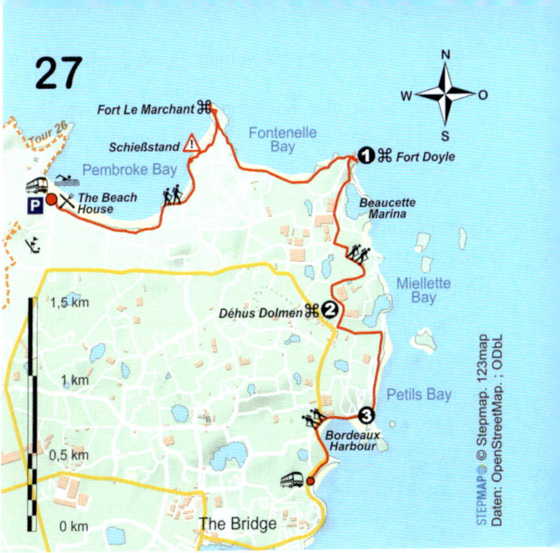

⌘ Fort Doyle

Fort Doyle stammt aus den frühen Jahren des 19. Jahrhunderts und war Teil eines Befestigungsringes der Insel. Im Zweiten Weltkrieg wurde die Burg von den Deutschen besetzt.

Fort Merchand

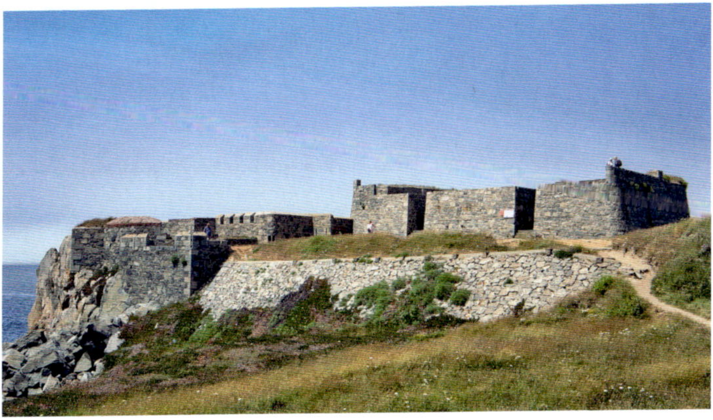

Hier endet der Küstenabschnitt. Sie wandern auf dem Weg noch nach Süden bis zum Beaucette Marina, einem Yachtklub, an dem Sie rechts vorbeigehen. Dabei folgen Sie der ausgeschilderten Radroute.

An der ersten Kreuzung nach ein paar Gewächshäusern gehen Sie geradeaus und an der nächsten Kreuzung nach links in die Rue des Chapelles. Diese endet an einem Teich, der rechts unterhalb der Straße liegt. Hier biegen Sie nach rechts ab und an der folgenden Kreuzung nach links. In einer Rechtskurve kommen Sie zum ⌘ Déhus Dolmen ❷.

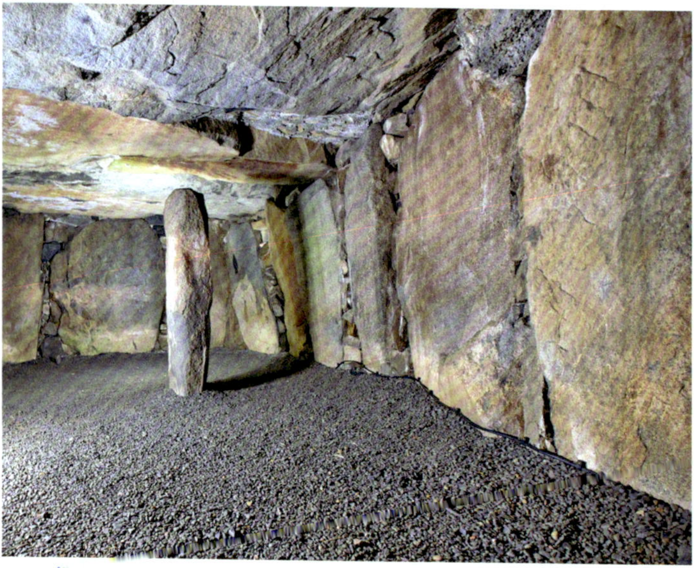

Im Déhus Dolmen

⌘ Déhus Dolmen

Der Dolmen ist ein Durchgangsgrab von 10 m. Einer der capstones (= Decksteine) hat eine bemerkenswerte Schnitzerei von einem bärtigen Mann, der auch als Wächter des Dolmens bezeichnet wird. Im Dolmen wurden viele Fundstücke aus der Zeit von 3500 bis 20000 v. Chr. gefunden. Der Dolmen ist tagsüber geöffnet und kann betreten werden.

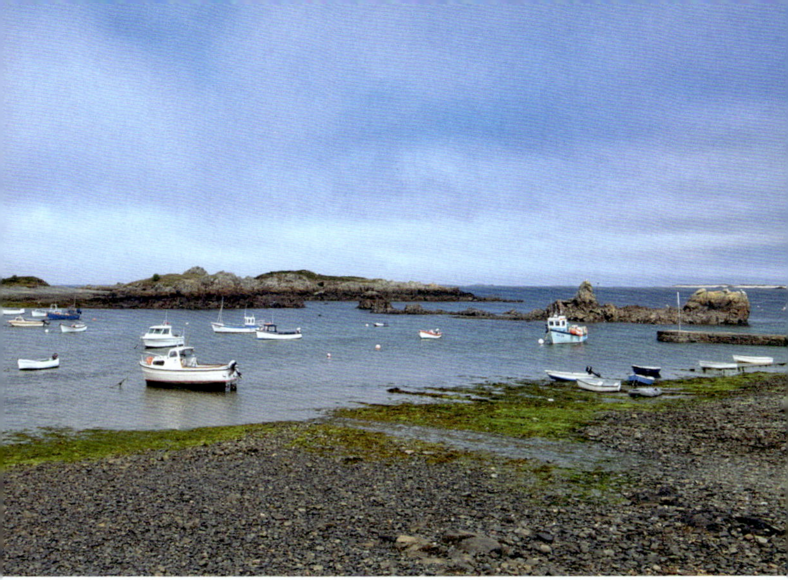

Bordeaux Harbour, der Endpunkt der Wanderung

Vom Dolmen gehen Sie geradeaus bis zur nächsten Kreuzung und biegen hier wieder nach links in Richtung Küste ab. An der Küste gehen Sie nach rechts, passieren einen P Parkplatz und wandern auf dem Weg zur Petils Bay. Hier spazieren Sie entlang der Straße nach rechts zum Bordeaux Harbour ❸, einer schönen kleinen Bucht. Sie treffen auf die Rue de Bordeaux, wo sich die Bushaltestelle für die Rückfahrt befindet. Wenn Sie sich noch eine kleine Erfrischung gönnen möchten, gehen Sie noch weiter zum nahegelegenen Kiosk (tagsüber normalerweise geöffnet).

Anschließend müssen Sie aber wieder zurück zur Bushaltestelle am Bordeaux Harbour. Mit dem Bus geht es zurück zur Pembroke Bay.

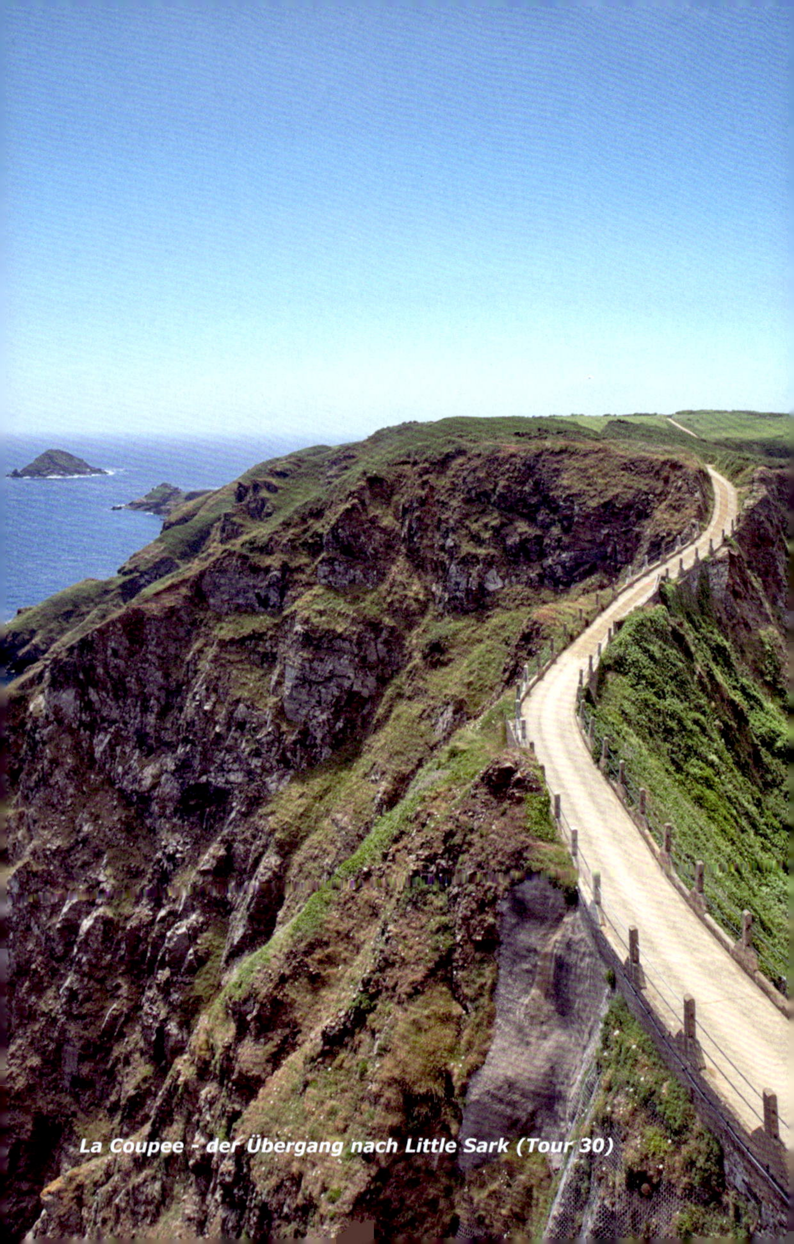

La Coupee - der Übergang nach Little Sark (Tour 30)

Herm, Sark und Alderney

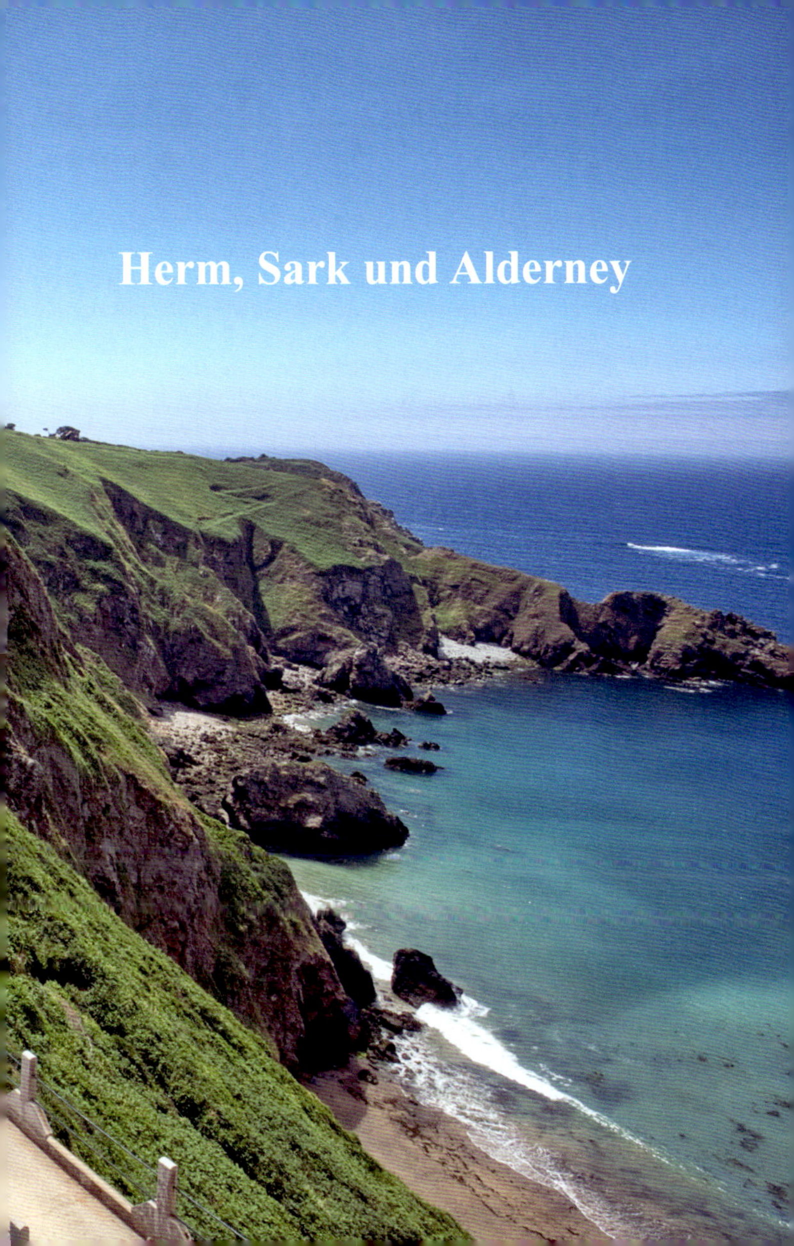

28 Um die Insel Herm

Tour für Südseeliebhaber

Die kleine Insel Herm ist von Guernsey aus ein beliebtes Ausflugsziel. Rund um die Insel führt ein schöner, einfacher Rundwanderweg. Die Insel begeistert mit ihren weißen Sandstränden und dem blauen Wasser. Nicht wenige Urlauber haben hier erstmals Kontakt mit dem kalten Wasser des Atlantiks gemacht.

Start/Ziel: Hafen von Herm, GPS N 49°27.972' W 002°27.191'

6,2 km

2 Std.

54 m/54 m

3-47 m

meistens beschilderte Wege (die Strände sind ausgeschildert), kurzzeitig ohne Schilder

einfache, teilweise breite Wanderwege

Einkehrmöglichkeit in der Mermaid Tavern an Beginn der Tour und am Ende sowie Kiosk am Strand der Belvoir Bay (km 2,4).

Schön sitzen kann man auf der Ostseite am Shell Beach (km 3). Handtücher mitnehmen!

Badestrand an der Belvoir Bay (km 2,4) und Shell Beach (km 3)

Die Tour ist für Kinder ab 8 Jahren geeignet. Das Spielen im Sand macht Spaß. Toll ist auch eine Kajaktour mit den Eltern vom Shell Beach aus.

Die Tour ist für Hunde geeignet. Allerdings sind sie an den Stränden vom 1. Mai bis zum 30 September nicht erlaubt. Das hat keinen Einfluss auf die Wanderung, Sie dürfen mit den Hunden nur nicht zum Strand hinunter.

Die Tour ist mit dem Buggy nicht möglich.

Parkplatz am Hafen von Guernsey

mit der Trident Ferry von Guernsey in 20 Minuten nach Herm

Mit der Fähre fahren Sie von Guernsey nach Herm. Je nach Wasserstand legen Sie am Hafen oder an den Rosière Steps an. Sie folgen dann dem Küstenpfad in südlicher Richtung. Dabei haben Sie einen wunderbaren Blick auf die Insel Jethou. Der Weg führt um die Südspitze von Herm herum. Der Steig verläuft immer entlang der Küste. Bald schon blicken Sie hinüber zur Insel Sark.

Sie erreichen den schönen Badestrand an der Belvoir Bay ❶. Hier gibt es auch einen Kiosk für Erfrischungen (tagsüber geöffnet). Sie wandern weiter zum Shell Beach ❷, ebenfalls einem tollen Badestrand. Hier fühlt man sich wirklich fast wie an der Südsee. Auch einen Kajakverleih gibt es hier.

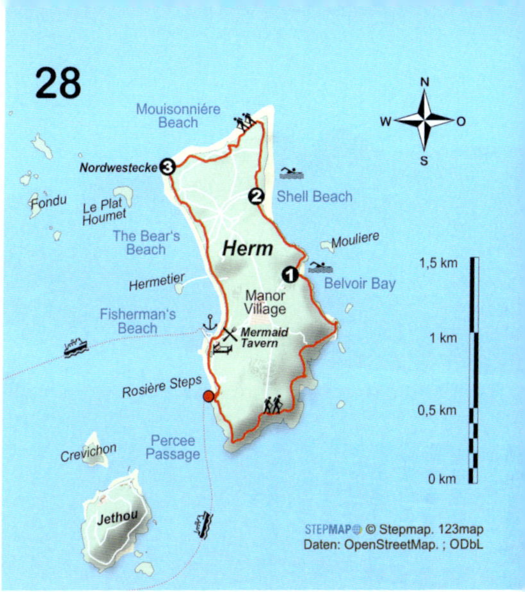

Vom Strand wandern Sie in nördlicher Richtung zur Nordostecke von Herm. Die Wege sind nun etwas schmaler. Sie bleiben immer auf dem Hauptweg, biegen nach links ab und wandern entlang der Nordküste bis in die Nähe eines Obelisken. Es geht immer entlang der Küste weiter bis zur Nordwestecke ❸ und dann wieder in südliche Richtung. Sie treffen auf den breiten Weg, der vom Hafen zum Shell Beach führt. Diesem folgen Sie nun in südlicher Richtung zu den Häusern am Hafen. Hier befindet sich eine Einkehrmöglichkeit, die Mermaid Tavern, mehrere Cottages und das White House Hotel. Das Hotel empfiehlt sich besonders, wenn man eine Nacht auf der Insel verbringen möchte, auch wenn es nicht ganz billig ist.

Auf Herm lohnt sich eine Kajaktour

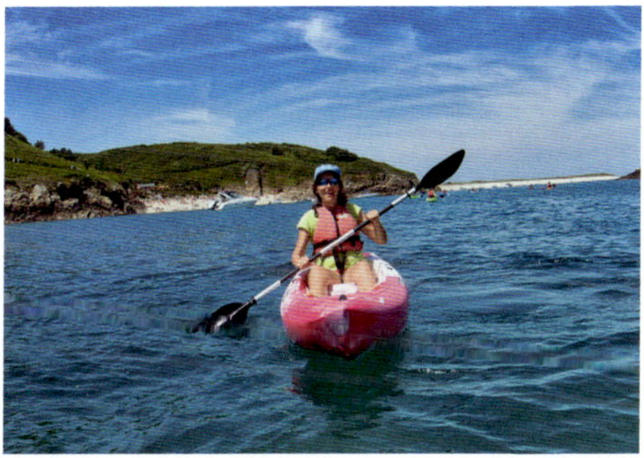

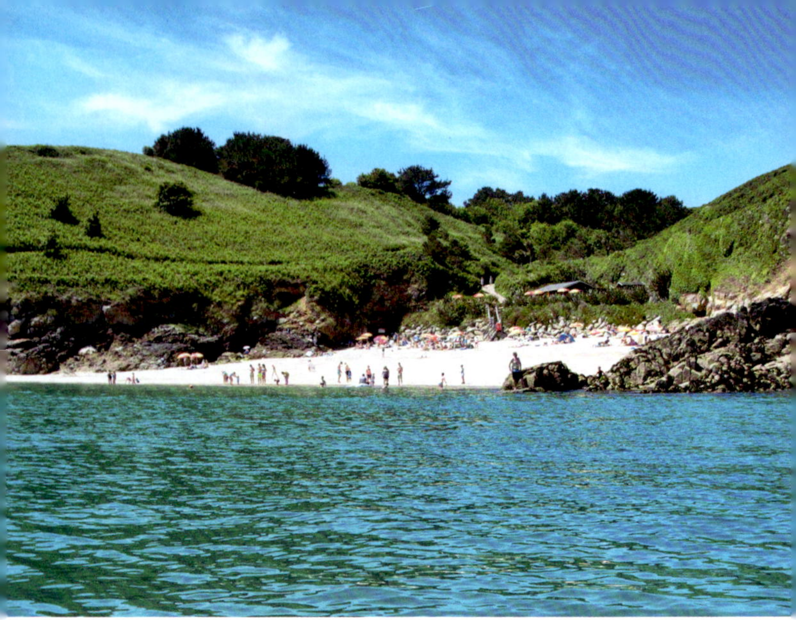

Blick vom Meer auf Belvoir Beach

Mermaid Tavern, Herm Island, GY1 3HR, 00 44/14 81/75 00 50, Mitte März bis Anfang Nov Mo-Sa 11:00-23:00, So 12:00-23:00

White House Hotel, Herm Island, GY1 3HR, 00 44/14 81/75 00 00, www.herm.com, reservations@herm.com

Vom Shell Beach aus gibt es organisierte Kajaktouren. Mit etwas Glück können Sie auf der Tour Papageitaucher beobachten. Diese kleinen Vögel sind nicht nur putzig, sondern auch total eindrucksvoll, wenn sie auf der Suche nach kleinen Fischen in das Wasser abtauchen.

www.outdoorguernsey.gg, Kosten £ 40

29 Durch den Nordteil von Sark

Tour für Gartenliebhaber

Sark bietet viele interessante Orte, die Sie umwandern können. An der Nordküste sind dies vor allem der nördlichste Punkt dieser Wanderung, das Window in the Rock sowie die Seigneurie. Aber auch der Blick zur Ramsar Site und zur Insel Brecqhou sind sehr beeindruckend.

In der Seigneurie gibt es einen wundervollen Garten, den Sie unbedingt besuchen sollten.

Start/Ziel: Ortsmitte von The Village auf Sark, GPS N 49°25.912' W 002°21.474'
13,5 km
4 Std.
322 m/322 m
3-104 m
beschilderte (wichtige Punkte sind ausgeschildert) und gut zu findende Wanderwege
Teilweise ruhige Straßen, teilweise schmale Pfade. An steilen Stellen ist etwas Vorsicht geboten.
Einkehrmöglichkeiten am Beginn der Tour und am Ende sowie das Shenanigans Café (km 5,6) und das Hathaways Café in der Seigneurie (km 10)
immer wieder Sitzmöglichkeiten auf verschiedenen Bänken
Die Tour ist erst für Kinder ab 12 Jahren geeignet, da sie doch relativ lang ist und viel Höhenunterschied hat. Man kann die Tour aber abkürzen und zum Beispiel die Seigneurie mit den Gärten und das spannende Window in the Rock besuchen.
Die Tour ist für Hunde gut geeignet.
Die Tour ist mit dem Buggy nicht möglich.
Parkplatz am Hafen von Guernsey
mit der Fähre von Guernsey nach Sark (ca. 1 Std.)
Vom Hafen können Sie mit einem Traktor in den Ort gefahren werden oder Sie können auch am Hafen in die Tour einsteigen.

Von der Touristeninformation in der Ortsmitte des Dorfes The Village auf Sark wandern Sie auf der Schotterstraße nach Osten in Richtung Hafen bis zum Restaurant Bel Air.

Sark Tourism & Island Holidays, The Avenue, Sark, GY10 1SD,
00 44/14 81/83 23 45, www.sark.co.uk, office@sark.co.uk,
Mo-Sa 9:00-17:00

Restaurant Bel Air, Clos des Dixcart Harbour Hill, Sark, GY10 1SD,
00 44/14 81/83 20 52, 10:00-24:00

Hinter dem Bel Air beginnt der Fußpfad, der parallel zur Straße in Richtung Hafen führt. Kurz vor dem Hafenvorplatz verlassen Sie den Pfad und treten auf die Straße hinaus. Sie überqueren die Straße und folgen einem Steig, der über viele Stufen steil emporführt. Hier genießen Sie einen tollen Ausblick auf den Maseline Harbour.

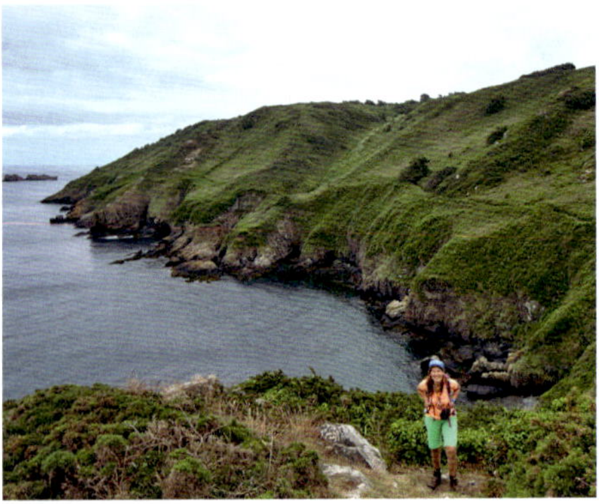

Die Tour ist gekennzeichnet von zahlreichen Ab- und Aufstiegen

Der Weg verläuft oberhalb der Küste entlang, bis er in das Landesinnere abzweigt. Sie erreichen eine Schotterstraße, auf der Sie nach rechts abzweigen. Sie folgen ihr in einem Linksbogen bis zu einer Querstraße. Hier biegen Sie nach rechts ab und gleich wieder nach rechts in Richtung des Campingplatzes La Valette. Hier folgen Sie dem Weg geradeaus zu einem Aussichtspunkt in Richtung eines Leuchtturmes ❶. Leider sieht man den Leuchtturm nicht, aber der Ausblick auf das Meer ist großartig. Sie gehen bis kurz vor das Gebäude vom Campingplatz zurück, biegen nach rechts ab und wandern zu einem Feld, das Sie überqueren. Anschließend schlüpfen Sie durch die Hecke und wandern geradeaus weiter. An einem Metalltor gehen Sie weiter geradeaus zu einer schön gestalteten Bank. Auch hier genießen Sie einen großartigen Ausblick.

An der Bank knickt der Weg nach links ab und Sie spazieren geradeaus in das Landesinnere, bis Sie an eine Kreuzung gelangen. Sie können hier

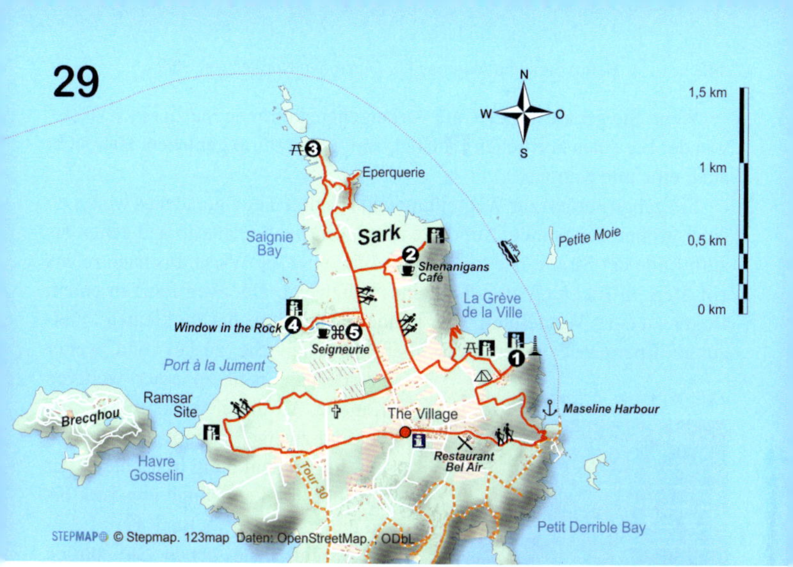

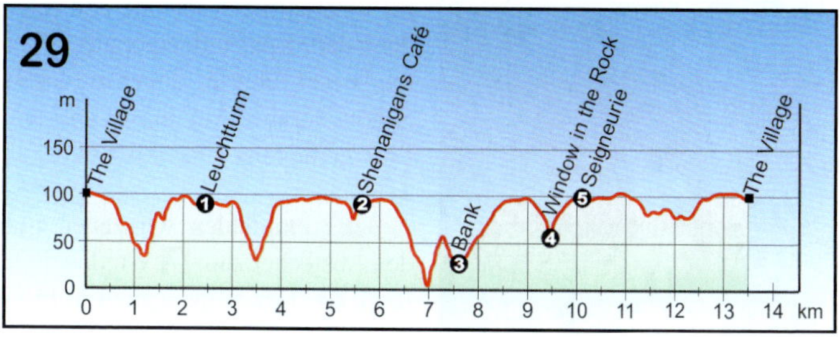

nach rechts zum Strand La Grève de la Ville abzweigen. Der Weg schlängelt sich über viele Kehren hinunter. Hier liegen oft einige private Boote.

Vom Strand gehen Sie zurück zur Kreuzung, biegen auf den rechten Schotterweg ab und passieren bald ein paar Granithäuser. Sie treffen auf eine Querstraße. Auf dieser gehen Sie nach links bis zu einer größeren Querstraße. Dieser folgen Sie für längere Zeit nach rechts, vorbei am Anwesen La Genetier, bis Sie an eine Wegkreuzung treffen. Hier unternehmen Sie nach rechts noch einen Abstecher zu ☕ Shenanigans Café ❷.

☕ Shenanigans Café, Le Grand Fort, Sark, GY10 1SH, ☏ 00 44/14 81/83 22 87, tgl. 9:00-17:00

Wenn Sie geradeaus am Café vorbeigehen, kommen Sie zu einer Wiese, von der Sie einen herrlichen Blick zum Leuchtturm genießen. Hier steht auch eine alte Kanone.

Sie gehen zurück zur Wegteilung und spazieren nun geradeaus weiter zu einer großen Querstraße. Auf diese biegen Sie nach rechts ab und gehen bis zum Ende der Straße. Sie folgen dem Pfad über die Wiese, bis nach rechts ein Steig in Richtung „Les Fontaines" abzweigt. Der Weg führt in einem Bogen zu einer Wegteilung. Hier können Sie nach rechts zur kleinen Landzunge Eperquerie gehen. Anschließend gehen Sie zurück und weiter geradeaus hinauf zu einer weiteren Kanone. An dieser wandern Sie vorbei und zweigen dann nach rechts ab und folgen dem Steig in Richtung der nördlichsten Landzunge von Sark bis zu einer schönen Bank ❸.

Das Window in the Rock

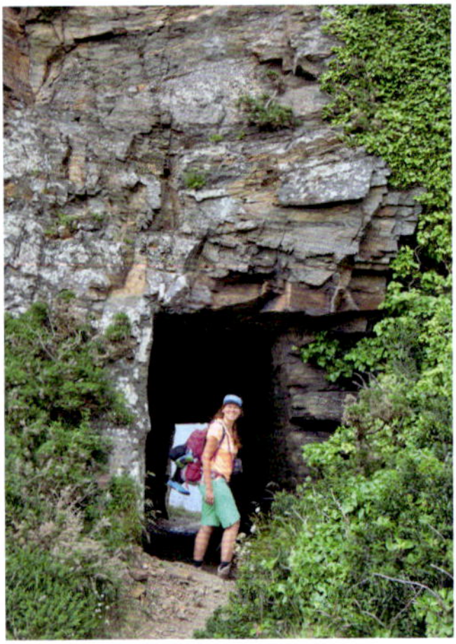

Anschließend gehen Sie zurück bis unterhalb der Kanone und folgen dann dem Küstenpfad geradeaus weiter. Dieser führt im Bogen zurück zur Schotterstraße. Auf dieser spazieren Sie geradeaus bis kurz vor die Seigneurie.

Jetzt empfehlen wir Ihnen noch den Abstecher zum Window in the Rock ❹. Der Weg beginnt kurz vor der Seigneurie und führt nach rechts. Der breite Weg geht bald in einen Pfad über und führt in steilen Serpentinen zu einem Bächlein. Entlang von diesem gehen Sie bis zum Felsenfenster.

Achtung! Hinter dem Felsenfenster bricht das Gelände steil zur Küste ab.

Auf dem gleichen Weg spazieren Sie zurück zum breiten Weg und gehen weiter nach rechts zur ⌘ Seigneurie ❺. Hier sollten Sie unbedingt die wundervoll gestalteten Gärten besichtigen und im Hathaways Café einkehren.

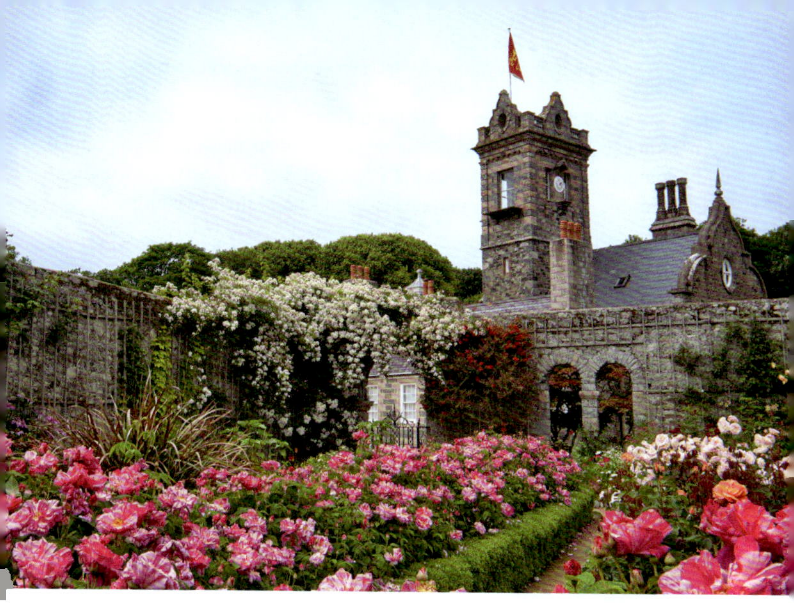

Die Seigneurie auf Sark

☕ Hathaways Café, Rue de La Seigneurie, Sark, GY10 1SF, ☏ 00 44/14 81/83 22 09, tgl. 10:00-17:00, Di-Mo 18:30-20:30

⌘ Seigneurie mit Gärten

Die Seigneurie ist das Herrenhaus auf Sark. Hier wohnt seit 1675 der Seigneur of Sark. Verfassungsrechtlich ist Sark ein eigener kleiner Staat, auf dem noch eine Lehensystem existiert. 2008 gab es dann aber erstmals Wahlen auf der Insel.

Die Gärten gelten als mit die schönsten Gärten auf den Kanalinseln

♦ Anfang April bis Ende Okt tgl., Eintritt: £ 3,50 für Erwachsene, £ 1 für Kinder

Sie wandern auf dem Weg nach Süden, passieren die Parish Hall und biegen dann nach rechts ab. Nun folgen Sie der breiten Straße bis zur ✝ methodistischen Kirche. Direkt dahinter nehmen Sie die kleine Straße in Richtung Port à la Jument, die geradeaus weiterführt. Sie wandern zwischen Steinhäuschen hindurch und erreichen bald ein Feld. Hier biegt nach rechts ein Weg zur Küste ab. Sie gehen geradeaus weiter durch ein Gatter.

Nach dem nächsten Feld gehen Sie noch einmal durch ein Gatter und wandern geradeaus weiter. Sie passieren ein paar schöne aussichtsreiche Bänke und genießen einen wunderbaren Blick auf das Ramsar-Gebiet und auf Brecqhou. Sie gehen immer geradeaus, bis es nicht mehr weitergeht.

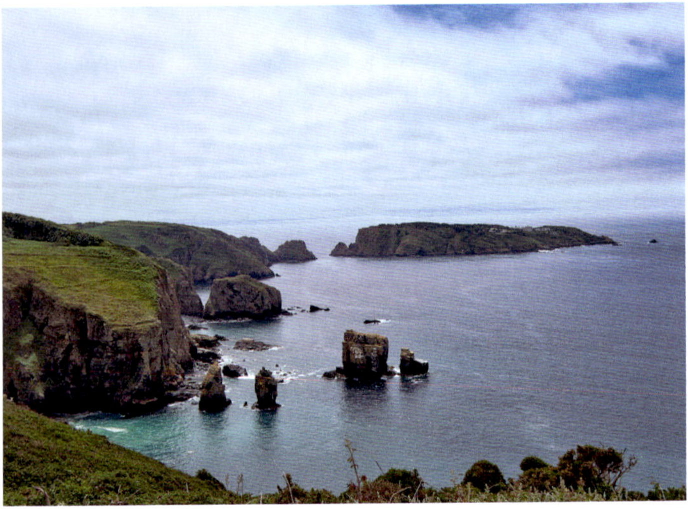

Blick zur Nachbarinsel Brecqhou

Anschließend biegt der Weg nach links ab und führt in das Landesinnere zu ein paar Häusern. Sie passieren einen kleinen Teich und kommen an eine Wegkreuzung. Hier gehen Sie kurz nach rechts und an einem großen Wegweiser nach links. Der breiten Straße folgen Sie an der Windmühle vorbei bis zur Touristinformation in The Village.

30 Durch den Südteil von Sark

Tour für Aussichtsliebhaber

Der Süden von Sark bietet viel spektakuläre Aussichtspunkte, von denen Sie über die Steilküste hinunter zum Meer blicken. Sie besuchen traumhafte Strände und wagen den schwindelerregenden Gang hinüber nach Little Sark.

Start/Ziel: Hafen von Sark, GPS N 49°25.940' W 002°20.560'

14 km

4 Std. 30 Min.

459 m/459 m

4-104 m

Teilweise beschilderte (wichtige Punkte sind ausgeschildert), teilweise unbeschilderte Wege. Sie sollten gut auf die Beschreibung achten.

Teilweise ruhige Straßen, teilweise schmale Pfade. An steilen Stellen ist etwas Vorsicht geboten.

Einkehrmöglichkeit am Beginn der Tour, Teegarten (km 6,9 und 9,5), Caraghs Chocolate (km 10,9) und Restaurant Bel Air in The Village (km 12,8)

immer wieder Sitzmöglichkeiten auf verschiedenen Bänken

an der Derrible Bay (km 0,8), Sandstrand von der Dixcart Bay (km 4,2) und Venus Pool (km 7,7)

Die Tour ist erst für Kinder ab 12 Jahren geeignet, da sie doch relativ lang ist und viel Höhenunterschied hat.

Die Tour ist für Hunde geeignet.

Die Tour ist mit dem Buggy nicht möglich.

Parkplatz am Hafen von Guernsey

mit der Fähre von Guernsey nach Sark (ca. 1 Std.)

Nach der Ankunft am Hafen gehen Sie durch den Tunnel zum Harbour Café.

Harbour Café, ungewiss

Hier beginnt die Straße, die hinauf zum Ort führt. Nach wenigen Metern zweigt ein Pfad nach links ab. Sie biegen auf diesen ab und steigen zunächst parallel zur Straße bergauf. An einer Wegteilung zweigen Sie nach links ab. Stufen leiten Sie hinauf zu einem Hof. Sie treffen auf eine unbefestigte Straße, die zwischen den Gebäuden hindurchführt. Über eine freie Wiese gelangen Sie zu einer Wegkreuzung. Hier empfiehlt es sich, kurz nach links abzubiegen und zu einem Aussichtspunkt mit einer schönen Bank abzuzweigen. Hier oben befindet sich auch eine alte Kanone aus dem 18. Jahrhundert.

Anschließend gehen Sie zurück zur Wegkreuzung und folgen der unbefestigten Straße, bis nach links ein Pfad abzweigt. Dieser bringt Sie über freie Wiesen in Richtung Meer. Sie laufen genau auf einen Wegweiser am Rand einer Hecke zu. Hier gehen Sie nach links bis unterhalb von ⌘ Sark Henge ❶.

⌘ Sark Henge

Sark Henge erinnert an die Vergabe der Lehen von Sark durch Königin Elizabeth I an Helier de Carteret, dem ursprünglichen Feudalherren der Insel. Die neun Steine repräsentieren die neun mittelalterlichen Regionen von Sark.

Sark Henge

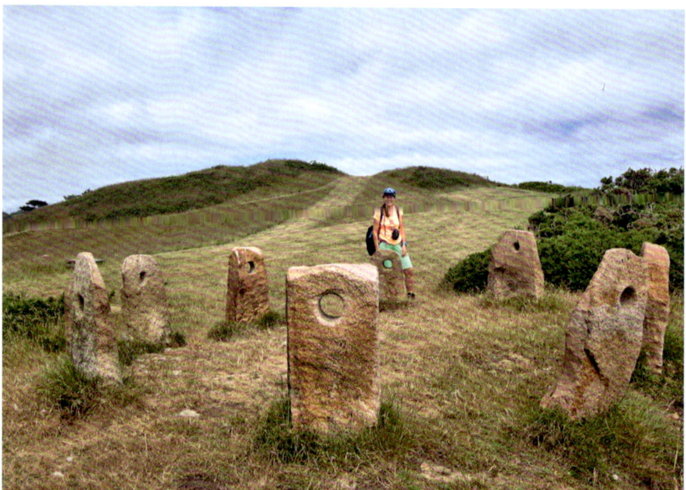

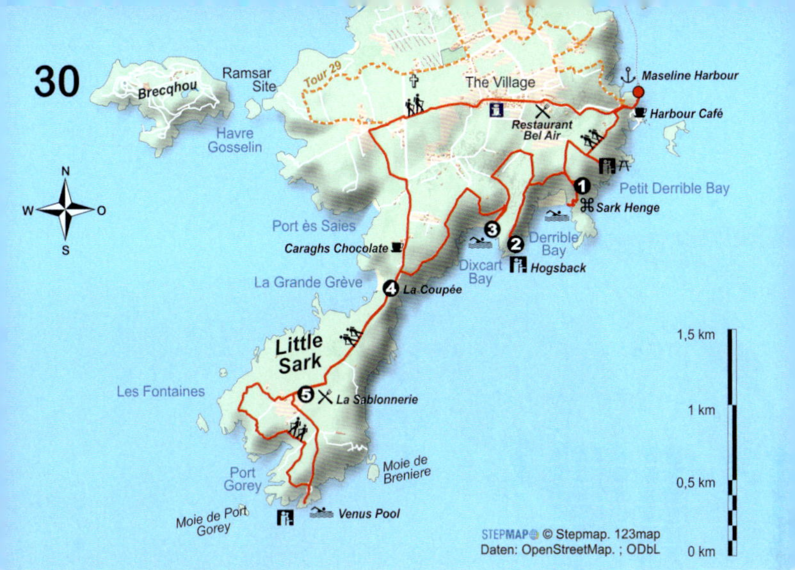

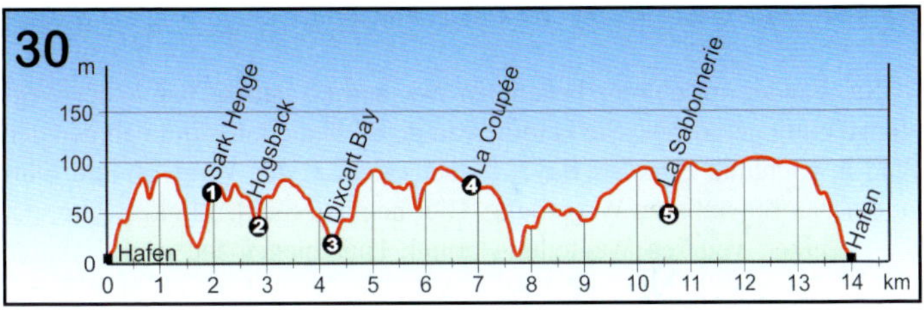

Auf dem rechten Pfad steigen Sie steil die vielen Stufen hinunter zur Derrible Bay, wo Sie bei Ebbe baden können.

Der Rückweg über die Treppen ist ziemlich anstrengend. Sie besichtigen noch Sark Henge und gehen zurück zum Wegweiser. Nun wandern Sie geradeaus an der Hecke weiter, bis es links einen Durchschlupf in ihr gibt. Stufen führen hinunter in eine kleine Senke. Hier ist die Vegetation schon fast urwaldähnlich. Nach Durchquerung der Senke führt ein gut ausgeprägter Pfad hinauf zu einem Querweg. Sie gehen nach links zum Rücken des Hogsback ❷. Die Aussicht von hier auf das Meer ist großartig. Etwas unterhalb auf einem Felsen steht ein kleines Denkmal zu Ehren gefallener englischer Soldaten.

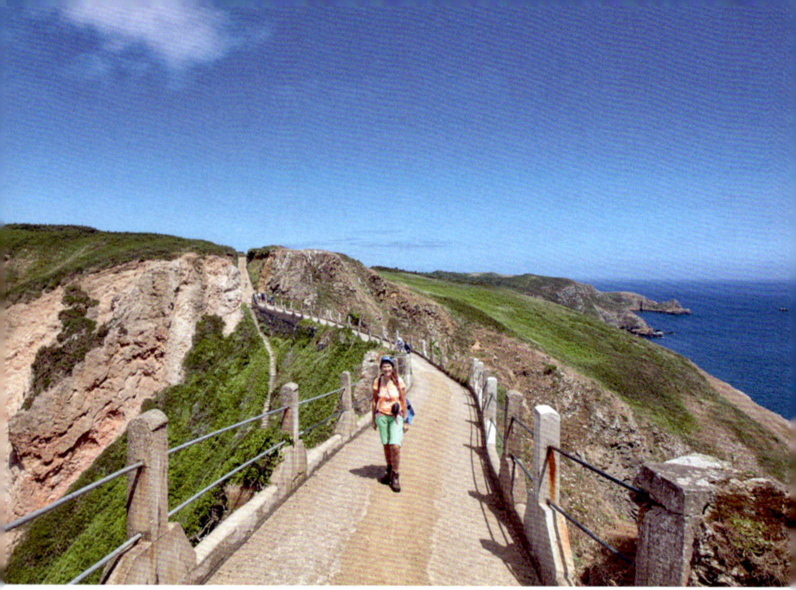

Auf dem Dammweg zwischen Sark und Little Sark

Sie wandern wieder am bekannten Weg zurück, gehen aber an der Wegabzweigung geradeaus. Sie kommen zu einer Wegteilung und nehmen den Pfad in Richtung „Dixcart Bay“. Dieser taucht in den Wald ein und führt zu einer unscheinbaren Wegteilung. Hier nehmen Sie den linken Pfad, der Sie zu einer weiteren Wegteilung bringt. Hier biegen Sie nach links ab (keine Ausschilderung) und folgen dem Weg zwischen ein paar Steinhäuschen hindurch. Der Pfad führt in ein Tälchen und zu einem Bach. Am Bach entlang wandern Sie in Richtung Meer, bis Sie über ein paar Stufen den wunderschönen Sandstrand der Dixcart Bay erreichen ❸, wo Sie bei Ebbe ebenfalls baden können.

Nach dem Ausflug zum Strand wandern Sie am bekannten Weg ein Stück zurück, bis nach scharf links ein Pfad abzweigt. Dieser führt hinauf und Sie können schließlich eine schöne Aussicht auf das Meer genießen. In einem Bogen wandern Sie über eine Wiese, bis nach links der Pfad zu „La Coupée“ abzweigt. Diesem folgen Sie immer aussichtsreich über dem Meer, bis Sie in die Nähe eines Aussichtspunktes kommen. Sie gehen nach links und genießen einen atemberaubenden Ausblick auf La Coupée, den befestigten Grat zwischen Big und Little Sark.

La Coupée

La Coupée bildet den Übergang nach Little Sark. Früher war der Übergang sehr schwierig. Durch die Erosion wurde der Pfad immer schmaler. 1900 baute man ein Schutzgeländer an den Weg. Die heute 3 m breite Betonstraße wurde 1945 von deutschen Kriegsgefangenen erbaut. Atemberaubend ist der Übergang nach Little Sark mit beeindruckenden Tiefblicken.

Sie gehen zurück zum Pfad und die wenige Meter hinauf zur Straße, die Sie bei öffentlichen Toiletten erreichen. Hier gehen Sie nach links und wandern über den Grat mit beeindruckenden Tiefblicken zu beiden Seiten ❹. Nach diesem spektakulären Abschnitt wird es deutlich entspannter. Sie wandern auf der Straße bis zum ✕ Hotel La Sablonnerie ❺. Hier lohnt es sich, einzukehren und leckeren Sark Cream Tea zu genießen.

✕ Teegarten La Sablonnerie, Little Sark, GY10 1SD, ☏ 00 44/14 81/83 20 61, tgl. geöffnet

Ein Wegweiser schickt Sie anschließend nach links in Richtung „Venus Pool“. Sie wandern auf dem Sträßchen geradeaus und zwischen ein paar Häusern hindurch, bis Sie die Schornsteine ehemaliger Minen sehen. Hier gehen Sie nach rechts durch ein Gatter und zu einer Wegteilung. Sie gehen nach links in Richtung Venus Pool und wandern an den Schornsteinen vorbei. Durch die Ginsterfelder spazieren Sie zu einer Schafweide und hinunter zu einem kleinen Felskopf. Unterhalb befindet sich der Venus Pool, ein 5 m tiefes Felsbassin, das sich bei Flut füllt und jeweils eine Stunde vor und nach Niedrigwasser zum Baden betreten werden kann.

Von dem kleinen Felsen gehen Sie ein Stück zurück und folgen dem Steig nach links, der Sie in einem Bogen in die Nähe der ehemaligen Minen bringt. Hier biegen Sie an einer Wegteilung nach links ab und wandern hinüber zum Adonis Headland. Im letzten Teil ist der Pfad schon etwas undeutlicher. Sie können nun noch ein Stück nach links in Richtung Meer gehen, um die Aussicht zu genießen. Anschließend wandern Sie zurück und folgen den undeutlicheren Steigspuren von stile zu stile (= Überstiege). Sie halten sich dabei immer eher links, nur einmal ignorieren Sie einen Abzweig zum Strand. Der Weg macht einen Bogen nach rechts und führt auf der rechten Seite eines Hauses vorbei. Sie erreichen oberhalb des Hauses eine Schotterstraße, die hinauf bis zum ✕ Teegarten vom Hotel La Sablonnerie führt.

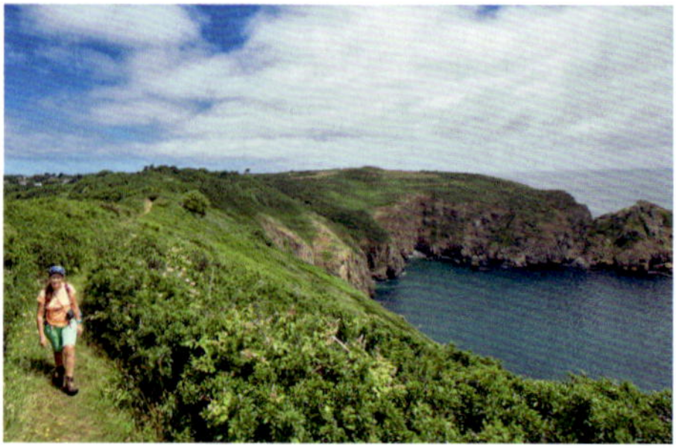

Teilweise wandert man hoch über der Küste

Anschließend wandern Sie am bekannten Weg zurück zu La Coupée und über diese zur Wegteilung an den Toiletten.

Sie gehen geradeaus weiter und kommen zu ☕ Caraghs Chocolate. Hier sollten Sie die handgemachte Schokolade probieren.

☕ Caraghs Chocolate, Sark, GY10 1SD, ☎ 00 44/14 81/83 27 03, tgl. 10:00-17:00

Sie gehen weiter bis zu einer Wegteilung, wo eine Straße nach rechts in Richtung Stocks Hotel abzweigt. Hier gehen Sie nach links und folgen einem Feldweg, der in einem Bogen nach rechts führt. Sie treffen auf einen weiteren Feldweg. Auf diesem gehen Sie nach rechts, bis Sie auf einen Querweg treffen. Hier wandern Sie kurz nach rechts zu einem Wegweiser. Nun biegen Sie nach links ab und wandern in den Ort The Village hinein. Sie gehen hindurch und wandern hinunter zum ✕ Restaurant Bel Air.

✕ Restaurant Bel Air, Clos des Dixcart Harbour Hill, Sark, GY10 1SD,
☎ 00 44/14 81/83 20 52, 10:00-24:00

Direkt auf der linken Seite beginnt der Fußweg, der Sie wieder zum ☕ Harbour Café bringt. Durch den Tunnel gehen Sie zurück zum Hafen.

☺Übernachtung auf Sark

Bei Caraghs Chocolate gibt es ein tolles Blockhaus; in dem Zimmer vermietet werden. Wer auf Sark übernachten möchte, um die beiden Touren zu unternehmen, dem können wir diese traumhaft gelegene Unterkunft sehr ans Herz legen. (☞ Reise-Infos, Unterkünfte)

31 Entlang der Ostküste von Alderney

Tour für Einsamkeitsliebhaber

Die Wanderung entlang der Ostküste von Alderney ist sehr einsam. Wir haben unterwegs nur wenige Menschen getroffen. Hier ist Natur pur angesagt. Wunderschöne Landschaften, traumhafte Plätze zum Träumen und einsame Gegenden waren die beherrschenden Eindrücke für uns.

- Start/Ziel: an der Victoria Street in der Ortsmitte von St Anne, GPS N 49°42.985' W 002°12.200'
- 14,5 km
- 4 Std.
- 129 m/129 m
- 0-87 m
- Küstenpfad markiert (als coast path), andere Abschnitte nicht – aber meistens gut zu finden. Trotzdem sollten Sie auf die Beschreibung achten.
- teilweise ruhige Straßen, teilweise schmale Pfade, auch Abschnitte am Strand
- Restaurant Old Barn (km 9,8), Mel's Tearoom (km 13,8)
- immer wieder einzelne Bänke entlang der Tour
- Die Tour ist erst für Kinder ab 12 Jahren geeignet, da sie doch relativ lang ist. Es gibt viele Burgen und Bunker zu entdecken und auch einen tollen Sandstrand.
- Die Tour ist für Hunde geeignet.
- Die Tour ist mit dem Buggy nicht möglich.
- Parkplatz am Flughafen von Guernsey
- mit dem Flugzeug von Guernsey nach Alderney
- Vom Flughafen können Sie mit dem Taxi nach St Anne gelangen. Taxen stehen am Flughafen. Unter ☏ 00 44/14 81/82 41 82 (Al Taxi) können Sie auch eins bestellen.

Von der Victoria Street in St Anne gehen Sie kurz nach links und biegen vor der methodistischen Kirche nach rechts ab. Sie folgen der schmalen Straße und gehen zuerst an einer Wiese geradeaus zu ein paar Bänken. Von hier haben Sie einen schönen Ausblick auf den Hafen und Fort Albert. Anschließend gehen Sie ein Stück zurück und dann nach links wieder auf die kleine Teerstraße. Diese geht in ein Schottersträßchen über und wird bald zu einem Steig, der hinunter zur Route de Crabby führt. Auf dieser gehen Sie nach rechts zu den Hafengebäuden. An der Kreuzung wandern Sie geradeaus und biegen dann nach rechts in die Braye Street ein. Sie genießen einen wunderbaren Blick auf die Braye Bay und das darüberliegende Fort. Jetzt können Sie zum Strand hinuntergehen und an diesem entlangspazieren. Alternativ gehen Sie auf der Straße weiter, wenden sich dann nach links und wandern auf einem Pfad über die Wiese bis zum slipway am Ende des Strandes.

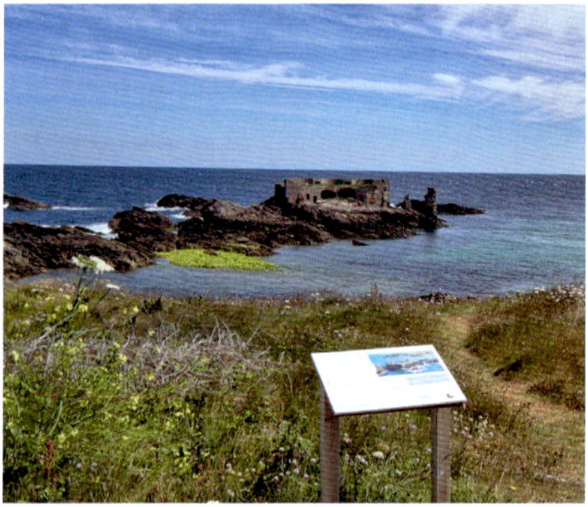

Immer wieder kommt man an alten Forts vorbei

Nun folgen Sie der Straße, ignorieren dabei den ersten Abzweig nach links und gehen leicht bergauf. Sie passieren den Fußballplatz und kommen zu einer Kreuzung. Hier biegen Sie nach links auf das Schottersträßchen ab, das Sie hinauf zum ⌘ Fort Albert bringt ❶. Das Fort stammt aus der viktorianischen Zeit und beherbergte bis 1929 das Militär Alderneys.

Von hier oben haben Sie noch einmal einen wunderbaren Blick auf den Hafen. Sie folgen dem Steig, der an der Nordseite des Forts vorbeiführt. Dabei treffen Sie erstmals auf eine Markierung des Küstenpfades. Sie steigen auf dem Pfad bergab in Richtung Bibette Head. Wenn Sie mochten, können Sie noch einen kurzen Abstecher auf die kleine Landzunge machen. Hier finden Sie einige Bunkeranlagen aus dem Zweiten Weltkrieg. Am Beginn der Saye Bay befindet sich ebenfalls ein Bunker, in den Sie hineingehen können. Hier gibt es auch die Möglichkeit, Vögel am Strand zu beobachten. Sie folgen nun dem Weg oberhalb des Strandes, können aber jederzeit nach unten zum Strand gehen und über diesen bis zu seinem Ende wandern.

Achtung! Manche Abstiege sind auf den letzten Metern ziemlich steil.

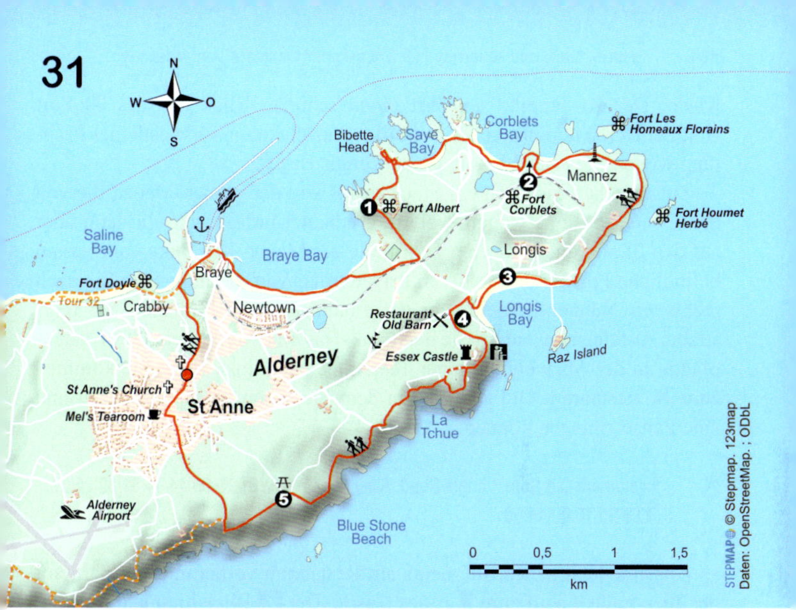

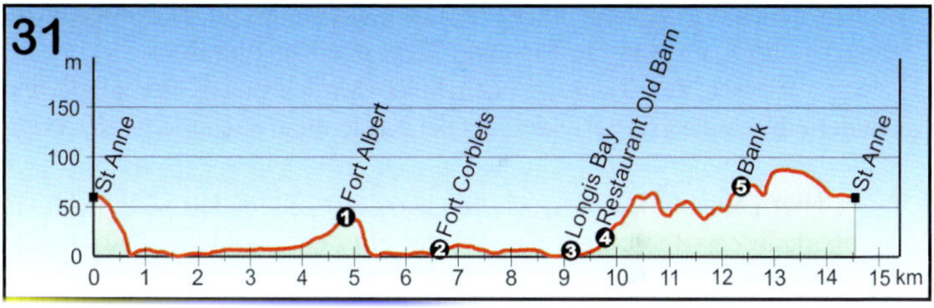

Am Ende des Strandes folgen Sie dem Weg, der zu einer Schotterstraße führt. Auf dieser gehen Sie nach rechts zur Teerstraße. Entlang dieser wandern Sie vorbei an der Corblets Bay bis vor ⌘ Fort Corblets ❷. Das eindrucksvolle Fort beherbergt heute Selbstversorgereinheiten und kann gebucht werden.

Hier zeigt ein Schild des Küstenpfades nach links. Sie spazieren um das Fort herum. Dann gehen Sie weiter zum Leuchtturm und blicken hinaus zu den Ruinen vom ⌘ Fort Les Homeaux Florains.

Der Pfad führt links am Leuchtturm vorbei zu einer Straße. Auf dieser gehen Sie an einem privaten Anwesen vorbei und wandern geradeaus zur

Küste. Der Küstenpfad gewährt einen schönen Blick auf das ⌘ Fort Houmet Herbé und bringt Sie mit tollen Ausblicken in südwestlicher Richtung weiter. Sie erreichen die große Longis Bay ❸.

Zuerst gehen Sie noch ein Stück rechts von der großen Mauer, die von den Deutschen im Zweiten Weltkrieg erbaut wurde, wechseln dann aber auf den Strand und spazieren zum Ende der Mauer. Das links vom Strand befindliche Fort Ile de Raz ist in Privatbesitz. Vom Strand gehen Sie nach rechts zur Nunnery, einem sehr gut erhaltenen alten Fort, und zur Teerstraße. Auf dieser wandern Sie nach links, bis eine Markierung des Küstenpfades an der Abzweigung einer Teerstraße nach links zeigt. Sie kommen zum ✕ Restaurant Old Barn ❹, in dem Sie schön im Garten sitzen und eine Pause einlegen können.

✕ Restaurant Old Barn, Longis Road, Alderney, GY9 3YB, ☏ 00 44/14 81/82 25 37, Di-So 10:00-18:00

Anschließend gehen Sie rechts am Restaurant vorbei und wandern auf der Teerstraße hinauf zum ♜ Essex Castle. Der Blick hinunter zur Longis Bay und dem vorgelagerten ⌘ Fort ist grandios. Wenn Sie weitergehen, sehen Sie links am Hang in Richtung Meer den Hanging Rock.

Sie verlassen den Teerweg nach links (Markierung Küstenpfad) und wandern durch die Ginsterfelder, bis der Küstenpfad nach rechts abzweigt.

Hier können Sie aber auch den geradeaus führenden Steig nehmen, der oberhalb der Bucht La Tchue wieder mit dem markierten Küstenpfad zusammentrifft.

Von der Senke oberhalb der Bucht wandern Sie auf dem Wiesenpfad bergauf und genießen die wunderbare Ruhe Alderneys sowie den großartigen Ausblick auf das Meer und die steile Küste.

Sie erreichen eine Straße, die Sie überqueren, und wandern weiter auf dem Küstenpfad durch die grünen Weiden. Der Weg führt ins Landesinnere und biegt dann wieder nach links ab. An einer Bank kommt ein Weg von St Anne heraus ❺.

Hier gehen Sie noch einmal geradeaus und nehmen den nächsten Abzweig nach rechts in das Örtchen. Dieses betreten Sie über die Straße The Blaye. An der ersten Kreuzung gehen Sie geradeaus und erreichen die

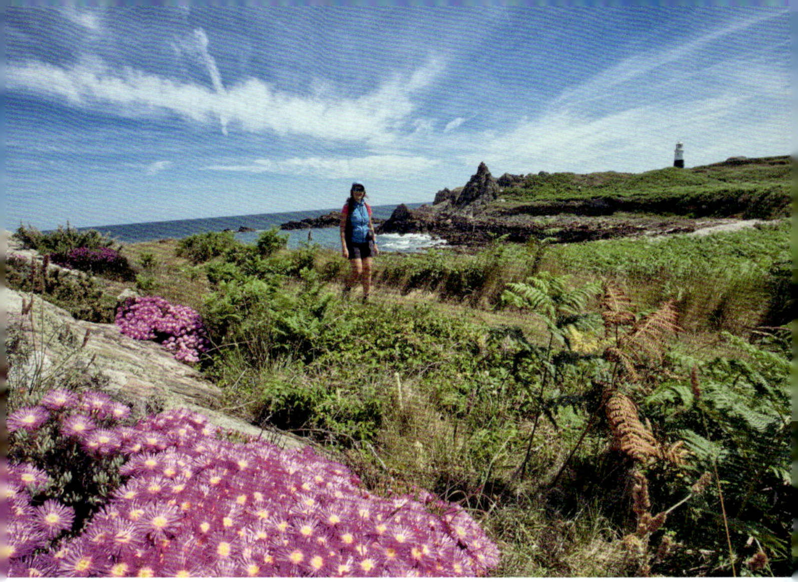

Mittagsblumen auf Alderney

Straße Le Bourgage. Kurz nach links und gleich wieder auf ein Sträßchen nach rechts gehen Sie weiter und erreichen Sie die High Street. Hier befindet sich links ☕ Mel's Tearoom, in dem Sie einkehren sollten.

☕ Mel's Tearoom, High Street, St Anne, Alderney, GY9 3TN, ☏ 00 44/14 81/82 20 05, 🚪 Mo, Di, Do-Sa 10:00-16:00

Anschließend spazieren Sie auf der Victoria Street nach rechts zur ✝ St Anne's Church und zum Startpunkt der Wanderung.

✝ St Anne's Church

Die Kirche stammt aus dem 19. Jahrhundert und gilt als eine der schönsten Kirchen auf den Kanalinseln. Aufgrund ihrer Größe wird sie oft als Domkirche der Kanalinseln bezeichnet.

32 Entlang der Westküste von Alderney

Tour für Vogelbeobachter

Bei der Wanderung entlang der Westküste von Alderney begegnen Sie vielen Vögeln. Besonders beeindruckend ist der Felsen, an dem die Basstölpel leben. Aber auch der Wildlife Bunker und andere Beobachtungsstationen sind interessant. Auch hier heißt es, die Ruhe, Schönheit und Natur von Alderney genießen.

Start/Ziel: an der Victoria Street in der Ortsmitte von St Anne, GPS N 49°42.985' W 002°12.200'

12,1 km

4 Std.

276 m/276 m

0-87 m

Küstenpfad markiert, andere Abschnitte nicht – aber meistens gut zu finden. Trotzdem sollten Sie auf die Beschreibung achten.

teilweise ruhige Straßen, teilweise schmale Pfade, auch Abschnitte am Strand

Mel's Tearoom (km 11,8)

immer wieder einzelne Bänke entlang der Tour

Die Tour ist erst für Kinder ab 12 Jahren geeignet, da sie doch relativ lang ist. Die Vögel sind zwar weit weg, aber auch für Kinder ist das spannend. Auch der Wildlife Bunker ist aufregend.

Die Tour ist für Hunde geeignet.

Die Tour ist mit dem Buggy nicht möglich.

Parkplatz am Flughafen von Guernsey

mit dem Flugzeug von Guernsey nach Alderney.

Vom Flughafen können Sie mit dem Taxi nach St Anne gelangen. Taxen stehen am Flughafen. Unter ☏ 00 44/14 81/82 41 82 (Al Taxi) können Sie auch eins bestellen.

Von der Victoria Street in St Anne gehen Sie kurz nach links und dann vor der ✝ methodistischen Kirche nach rechts. Sie folgen der schmalen Straße, die in einen Schotterweg übergeht und später zum Pfad wird. An der Route de Crabby erreichen Sie die Küste. Auf einem schmalen Weg wandern Sie in westlicher Richtung am ⌘ Fort Doyle vorbei zur Saline Bay.

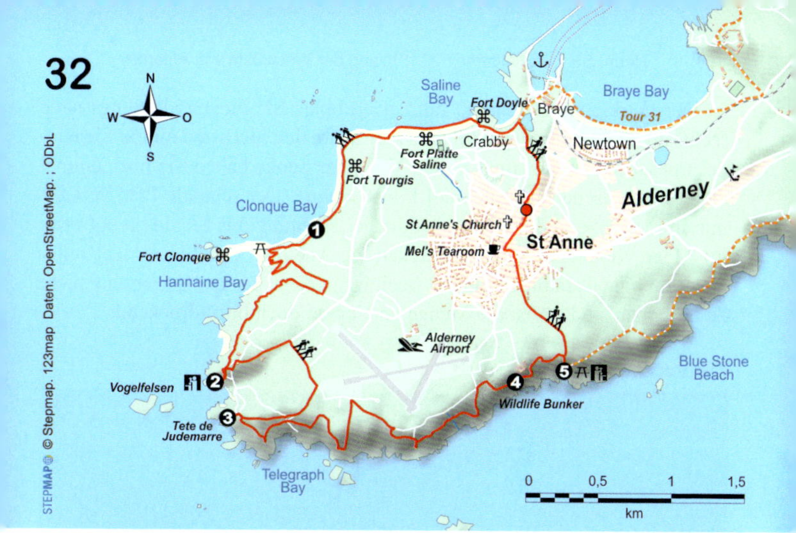

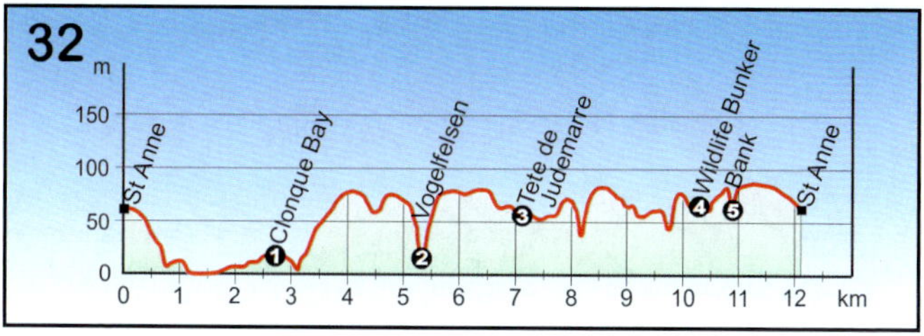

An diesem Strand wird vor Schwimmen gewarnt.

Sie können noch ein Stück auf der Strandmauer entlang wandern, umgehen dann aber im Sand das ⌘ Fort Platte Saline. Am Ende der Saline Bay betreten Sie an einer Kreuzung wieder die Straße. Hier gehen Sie unterhalb des ⌘ Fort Tourgis nach rechts und folgen der Teerstraße in die Clonque Bay ❶. Der Blick zum ⌘ Fort Clonque ist beeindruckend. Sie wandern auf der Schotterstraße bis zur Zufahrtsstraße zum Fort. Hier an einer Bank haben Sie einen tollen Blick auf das Fort, das von Gruppen zum Übernachten gebucht werden kann. Jetzt folgen Sie dem Steig, der in einigen Kehren steil bergauf führt. Sie bleiben immer auf dem deutlichen Weg, bis Sie an einer Wegkreuzung den Flughafen sehen.

Der markierte Küstenpfad führt nach links, Sie biegen allerdings nach rechts ab. Der breite Weg wird bald zum schmalen Steig und nimmt Sie wieder mit zurück in Richtung Küste. Von einer Senke haben Sie noch einmal einen fantastischen Blick auf Fort Clonque. Der schmale Pfad verläuft nun immer entlang der Küste in südlicher Richtung, bis Sie direkt auf zwei im Meer vorgelagerte Felsen blicken ❷. Auf den Vogelfelsen lebt unter anderem eine Basstölpelkolonie. Auch wenn diese aus der Entfernung nicht zu erkennen sind, so ist die Menge an Vögeln doch beeindruckend.

Die Vogelfelsen an der Westküste

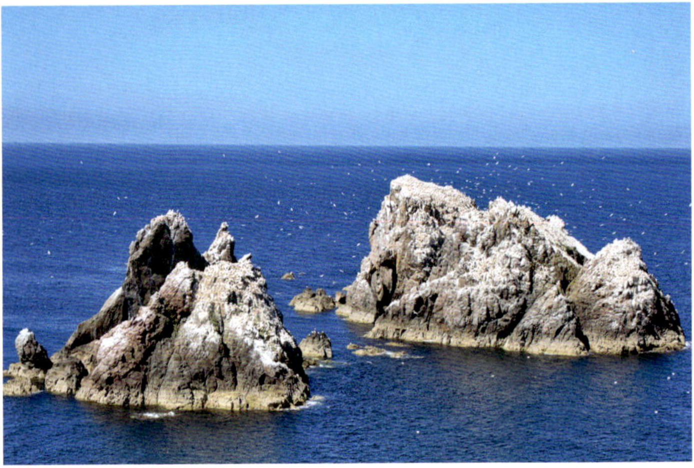

Anschließend gehen Sie in Richtung Landesinnere bis zu einer Kreuzung. Hier biegen Sie nach rechts ab und wandern geradeaus bis zu einer weiteren Kreuzung. Sie gehen wieder nach rechts und folgen dem Steig in Richtung Westen. Er führt Sie wieder zurück zur Küste bei Tete de Judemarre ❸. Sie genießen wieder einen herrlichen Ausblick und wandern entlang der Küste nach Osten. Steigspuren in Richtung der Telegraph Bay ignorieren Sie und wandern entlang der Küste bis zu einem Bunker. Der Weg zieht anschließend wieder nach Norden, bis Sie an eine Straße gelangen. Auf dieser gehen Sie nach rechts, bis nach einer Senke und einer leichten Linkskurve wieder ein Steig nach rechts abzweigt. Auf diesem wandern

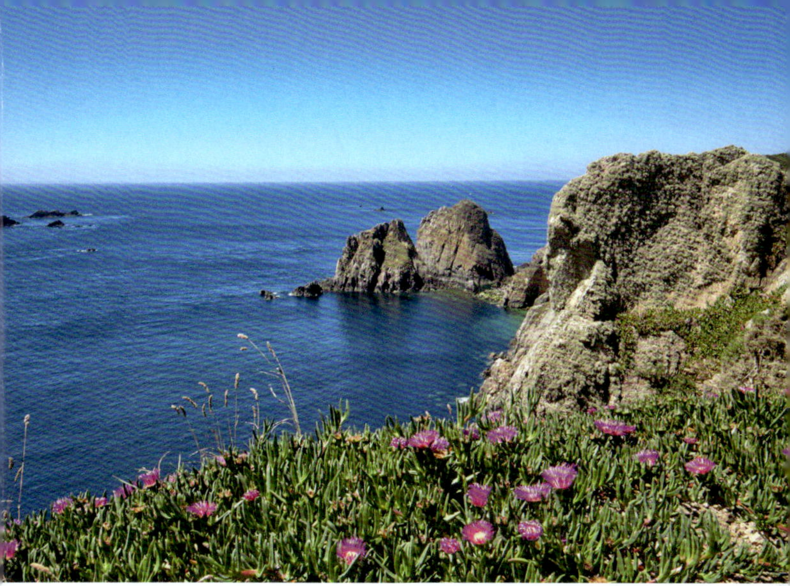

Traumhafte Küstenabschnitte

Sie wieder hinaus zur Küste und mit prächtigen Aussichten hoch über dem Meer weiter in östlicher Richtung. Sie passieren einen kleinen Bach und gehen zurück ins Landesinnere. Ein Wegweiser schickt Sie nach rechts zum Wildlife Bunker ❹. Dieser wurde renoviert und kann besichtigt werden.

Der Weg führt unterhalb eines Anwesens vorbei. Nach einem steilen Gegenanstieg kommen Sie zu einer Wegverzweigung. Hier empfiehlt es sich, noch einmal nach rechts abzuzweigen und zu einer aussichtsreich gelegenen Bank an der Küste zu wandern ❺. Hier heißt es mit fantastischer Aussicht Abschied von Alderneys Südküste zu nehmen. Anschließend gehen Sie zurück zur Wegteilung und folgen nun dem Steig in Richtung St Anne geradeaus. Über die Straße The Baye erreichen Sie den Ort. Sie gehen geradeaus, an der zweiten Kreuzung kurz nach links und gleich wieder nach rechts zur High Street, auf die Sie links einbiegen. Hier finden Sie Mel's Tearoom, in dem Sie einkehren sollten.

Mel's Tearoom, High Street, St Anne, Alderney, GY9 3TN, ☏ 00 44/14 81/82 20 05, Mo, Di, Do-Sa 10:00-16:00

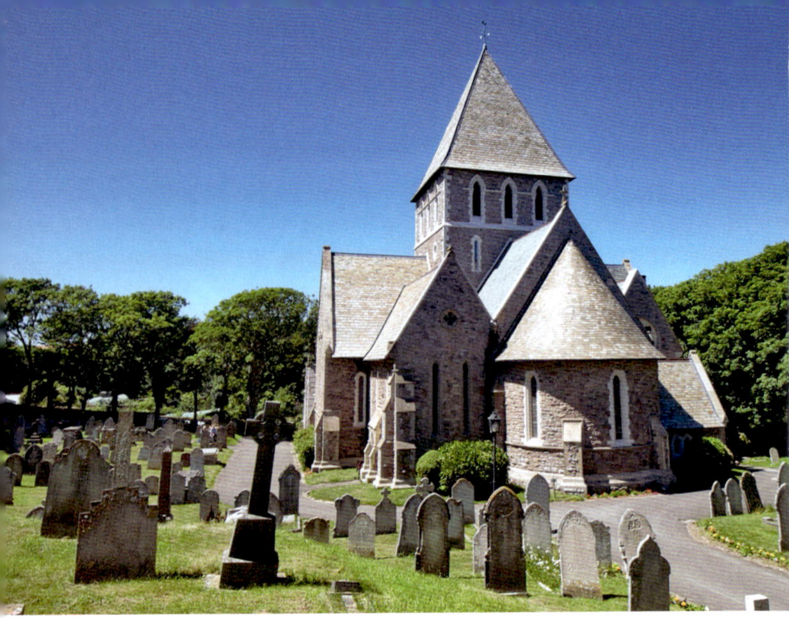

Die Kirche von St Anne

Danach biegen Sie rechts in die Victoria Street ab, können noch die ✞ St Anne's Church besuchen und beenden Ihre Wanderung im Zentrum von St Anne.

✞ St Anne's Church ☞ siehe Tour 31